# 人际关系的重建

## 打造数字时代个人社交力

〔德〕托比亚斯·贝克◎著

邹笃双◎译

# Unbox
# Your
# Relationship

## Tobias Beck

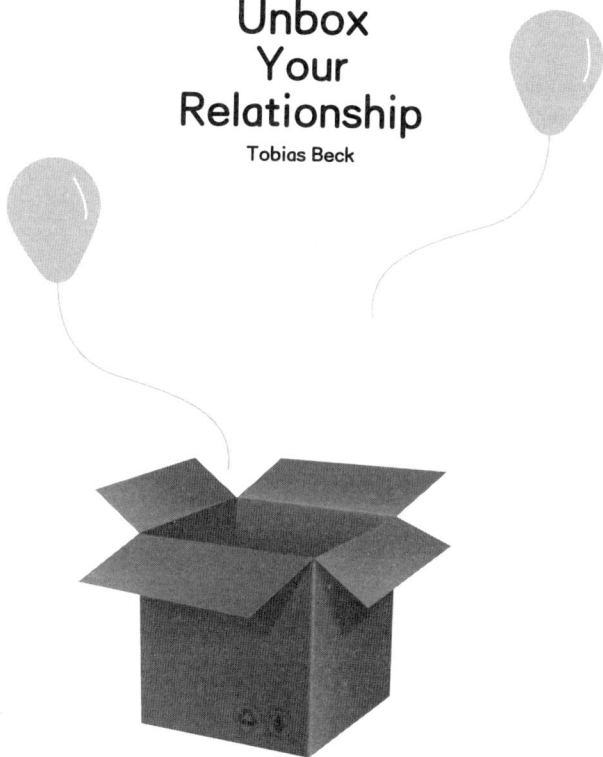

中国出版集团　现代出版社

版权登记号：01-2021-3497

图书在版编目（CIP）数据

人际关系的重建 / (德) 托比亚斯·贝克著；邹笃双译 . -- 北
京：现代出版社，2021.6
ISBN 978-7-5143-9206-7

Ⅰ . ①人…  Ⅱ . ①托…  ②邹…  Ⅲ . ①人际关系学
Ⅳ . ①C912.11
中国版本图书馆 CIP 数据核字 (2021) 第 090090 号

Unbox Your Relationship

© 2019 GABAL Verlag GmbH, Offenbach

Published by GABAL Verlag GmbH

Simplified Chinese rights arranged through CA-LINK International LLC (www.ca-link.cn)


**人际关系的重建**

作　　者：［德］托比亚斯·贝克
译　　者：邹笃双
策划编辑：王传丽
责任编辑：张　瑾
出版发行：现代出版社
通信地址：北京市安定门外安华里 504 号
邮政编码：100011
电　　话：010-64267325　64245264（传真）
网　　址：www.1980xd.com
电子邮箱：xiandai@vip.sina.com
印　　刷：三河市国英印务有限公司
开　　本：880mm×1230mm　1/32
印　　张：6.5
字　　数：121 千字
版　　次：2021 年 7 月第 1 版　　印　　次：2021 年 7 月第 1 次印刷
书　　号：ISBN 978-7-5143-9206-7
定　　价：49.80 元

# 目录

对我而言，结识托比亚斯·贝克是一件人生幸事！我深知，所有认识他的人都与我有相同的感受。无论是作为一名人际关系教练、演讲者、作家还是普通人，大家都为他的真诚、他的专业精神、他让人耳目一新的幽默和鼓舞人心的活力所打动。

毫不夸张地说，托比亚斯是德语世界为数不多的天才演讲家之一。在日常的生活中，他更是一位杰出的演说家兼作家。继《人生重塑指南》[1]成为最受欢迎的畅销书之后，

---

[1] *Unbox Your Life* 一书国内译为《钻石思维》——译者注

他又推出了《人际关系的重建》这本给人留下深刻印象的书。这是一本突破传统，观点新颖，妙趣横生的书。

鉴于对整个行业的全面了解，我可以非常自信地说，托比亚斯即使不是德语演讲和出版界最伟大的人物，也称得上是其中真正了不起的人物之一。

要知道，比起他自己的天赋更重要的是，他拥有让别人变得更伟大这种非凡而罕见的才能：他能识别你身上那些你自己可能根本没有意识到的潜能。这是托比亚斯的伟大之处。托比亚斯的使命是通过他的培训班、书籍和鼓舞人心的演讲帮助更多的人获得成功，帮助人们"重塑"生活，"重塑"人际关系。

在此过程中，他是一个能"与人倾心交谈的人"、一个推动别人成长的人、一个激励人并促使人改变心态的人。最重要的是，和我们每个人一样，他更是一个真实的人。

托比亚斯的新书进一步向大家展示了他的多才多艺和过人天赋。这本书是一座罕见的智慧宝库：对于那些不仅想要改善伴侣关系，还想要改善与生活中所有人的关系的人来说，该书都是无与伦比的资源。

当你潜心钻研这一知识宝藏时，希望你能像我一样充满无限的热情，并能从中发现不竭的人生动力、智力激荡和创作灵感。

最后，我要"警告"读者们：小心！阅读本书必将改变你的人际关系，进而改变你的人生！

致以最良好的祝愿！

赫尔曼·谢勒

你爱过吗？

你是否帮助过别人去爱？

你是否帮助过别人成长？

你是否曾在别人的心里留下印记，

还是说你对别人毫无意义可言？

　　那时我只有 18 岁，在社区做服务工作。长辈们时不时会问我一些奇怪的问题，让我不知如何回答才好。

　　这些所谓的"别人"是谁？难道人生不就是一趟尽可能成就自我的旅程吗？慢慢地我意识到，人生绝非那么简单，作为个体的我们并不是存在的基石。

如果说现在有什么是我已经确定无疑的，那就是：无论愿意与否，我们与他人的关系才是生活中唯一须臾不离的永恒存在。

人生一开始就注定要和别人发生联系。在这个任何愿望都能靠智能手机得以满足的世界，这一条道理却最容易被人忘记。下一次，当你有意想让自己拥有更多选择的时候，我请你选择承担责任——为了某个人、某件事或者为了世间的一切。毕竟，人不是消耗之后只剩虚空的产品，我们的内心可以容纳世间万物，但唯独不能简简单单地就重获新生。

挑选一部电影，先不要看别人对它的评论，耐心地从头看到尾，看一看你能否发现其中的可取之处。让它尽情地展开，随情节一起呼吸、一起感受。给每件事情一次机会，而不是草率地下结论。

在我们生活的这个时代，年轻人总是专注于实现自我价值。无论怎么看，这都是一件新鲜事：历史上，除了很少一部分拥有特权的人有机会根据自己的愿景与价值观来生活之外，大部分人的生活根本没有这样的可能。但是，在当下这种一切为了实现自我的绝望努力中，大家经常忘记了每个人存在的基础：家庭。家庭并不仅仅意味着遗传基因，还是给我们带来"家的感觉"的那些人。和家人在一起，我们总能得到无私的爱，而这仅仅因为我们是一家人。

也许我所描述的这些人已经从你的生活中离去了，或者从来就没有在你的生活中出现过。如果真是那样的话，请不要急着把这本书放下。要知道，只要能感受到家的气息，你就永远不会孤单。你一直在寻找的人，也正在寻找你；你只需再次敞开心扉，让别人重新进入你的生活。

我们生活在一个追求完美的世界里，却忘记了人际关系并不是那一张张你在朋友圈里展示出来的，经过了美颜修饰的照片。人际关系就在我们的身边，也因为我们而存在。就像每个个体一样，每一种人际关系也是独一无二的，它绝非完美并处于连续不断的变化中。这样的人际关系才算正常，因为完美是一种死寂的不变状态，根本就不适合丰富多彩的感性世界中人际关系的真实状况。我们都想在人际关系中获得快乐，但情感世界的动态性让人很难在一开始就能获得这种快乐。

阅读本书的第一部分，我将带你踏上一趟旅程，去发现自我，发现那些曾经出现在你生命中的人。尽管每个人都独一无二、傲然独立地存在着，我们依然需要一起探索如何建立起与自己、与他人的亲密关系。

阅读本书的第二部分，我将向你介绍基于动物模型而独创的4种基本性格类型：鲸、鲨鱼、海豚和猫头鹰。这些性格类型已经在网络上激发了数百万人的灵感。它挽救了婚姻；它把办公室变成了创意空间；它解决了争端，增进了理解。你应该也期待了解你内心的动物吧——请相信我，它一定存在，每个人的内心甚至可能同时存在着不止一种动物！一旦你发现了自己所属的动物类型，也就能发现它是如何与某些长久存在的谜团联系在一起的。

　　捧起这本书，我希望你能享受阅读的乐趣，享受和自己，也享受和"别人"一起度过的难忘时刻。期待你拥有一段卓有成效的发现之旅！

## 自由使人孤独

生活在互联网时代，我们拥有比以往任何时代都更丰富的人际关系。过去，人们从来都不可能在同一时间之内接触这么多人。生活在当下，要想对彼此敞开心扉，绝非难事。但事实却并非如此。

我们的诞生是父母相爱的结晶。但是最近的研究表明，仅靠食物营养，婴儿存活不了多久。为了生存和发展，我们需要各种社会关系和情感联系。更重要的是，要想拥有幸福和充实的人生，这些关系还需要达到一定的强度才行。人际关系的质量——无论是私人关系还是职场交往都决定了我们对人生的整体满意度。

在过去的几千年里，人类对情感的需求从来没有改变，发生改变的只是我们得以建立这些关系的世界。

就在几十年前，一个人终其一生都不曾离开自己出生的村庄、不曾离开自己出生的环境、不曾离开从小一起长大的伙伴的情况十分常见。不仅常见而且对一个人是否能够存活至关重要。因婚姻而搬到邻近村庄的人，同样需要融入当地严格的社会结构中，几代人生活在同一个屋檐下的情况比比皆是。

在这个以小村庄和定居点为基础而形成的关系网中，每个人都有自己的位置和明确的角色。人们相互了解，相互信任，商业与交易建立在口头契约的基础上。在千差万别的生存环境中，宗教发挥着非常重要的作用，对更伟大事物的信仰给身处艰难之中的人们带来了慰藉。这种共存状态为人们提供了安全的保护，也让每个人形成了对社区的亲和感。但是，这种状态也限制了个体潜能的实现，聚群而居的集体性特征限制了个体自由；面包师的女儿长大后也成了面包师，她从来没想过要开一家自己的服装店或设计彩色的高跟鞋。

时代在变，生活节奏变得更快。对人类来说，从集体社会到匿名的个体化社会的进化过程如此迅疾，以至于我们有时很难跟上变化的节奏：我们拼命地追赶，试图不让生活消失得无影无踪。身处匿名化存在的 21 世纪，人们突然之间拥有了太多对生命毫无意义的自由。人们对失去的恐惧是如此强烈，无穷无尽的选择让人无法作出决定。

一旦我们对某件事作出了决定，另一件事就会自然而然地变得更加迫切。人们不安地在这个世界上穿行，从一个城市到另一个城市。今天才到这里，明天又要到那里去。但无论身在何处，我们总会遇到新的面孔。因为身在同一条船上，每个人都说着自己的语言。人们聚在一起，但却依然感到孤独。我们再也不敢敞开心扉，再也不敢作出选择，因为你选择的人可能不会选择你。我们害怕被拒绝，担心自己选择的人明天就会离去，又要去开启一段新的、更刺激的冒险。我们已经成了这个世界的流浪汉，没有了根，也没有了责任。曾经，我们从整个村庄获得的安全感、舒适感和归属感，现在却统统需要从伴侣一个人那里获得。

家庭的幸福比以往任何时候都更依赖于父母的关系。由于谁也无法同时满足别人的所有需求，也由于我们已经忘记了如何满足来自不同关系的需求，这导致单亲家庭的数量甚至超过了完好家庭的数量。这种情况在城市里尤为突出。现如今，大概每三桩婚姻中就有一桩以破碎告终，单亲孩子的数量比以往任何时候都要多。

人们可以自主地定义生活的意义和方向，这在人类历史上还是第一次，我们有幸成为其中的一员。如果你想成为加勒比海上的深海潜水员，想住在棕榈叶搭成的屋子里，想在傍晚时分畅饮新鲜的椰子汁，你完全可以实现这些愿望。出于同样的原因，如果你想成为一名心脏外科医生，想在美国纽约的上东区拥有一套自己的公寓，想用自己的工作改变这个世界，你完全有实现这些愿望的自由。

可问题是，作为人类，我们谁也没有预料到会有这种程度的自由。和中世纪相比，现代人的预期平均寿命已经是那时的 4 倍，甚至更多。我们"突破壁垒"，重塑自我，甚至可以从零开始，这都是我们的自由。我们有改弦更张的自由，也有无所事事的自由，这是我们经常所处的状态。太多的选择让人眼花缭乱，无所适从，我们害怕自己作出的抉择会让其他一切都化为泡影。事实上，有做任何事情的自由也会让人感到孤独。

拥有幸福满足的生活意味着要拥有一个可靠的关系网络，意味着对我们相爱的人的承诺。我们需要这样的人。尽管我们拥有各种自由和选择，拥有各种实现自我的机会，但是这依然不能给我们带来安慰，不能体现我们的价值，不能给我们带来被爱的安全感。

为了不让自己迷失在一个充满可能性的世界里，请记住我们对人际关系的需求，并让我们重新获得与他人相处的能力。这对每个人都至关重要。这就是为什么在这本书的开篇之处，我邀请你和我一起出发，踏上一段旅程，一段通向生命中最佳人际关系的旅程。

## 自足充盈如你

你有没有计算过每天你跟谁说话的次数最多？虽然我们素未谋面，但我能猜到这个人是谁——我也知道你并不羞于说出答案。这是最直率的交谈，你的反馈不需要遮遮掩掩。把所有的废话都丢到一边，抛开细节，专注于真正重要的事情：你的不足之处，以及如何才能变得更好。

早晨在喝第一杯咖啡之前，你本想去洗个澡，却绊到了放在地上的体重秤，你由此就开始长篇大论地絮叨。"越来越胖了！昨天晚上居然还躺在床上看电视、喝牛奶、吃巧克力，还吃了那么多薯片！"站在镜子前，你可能会轻率地评论自己的头发、皱纹……除此之外，你也可能会对自己的鼻子、弯曲的脚趾、混乱不堪的房间肆意评论，并妄想着本就不属于你的健美身材。至于到底如何评论自己，这完全取决于你当天对并不完美、毫无章法的生活的感受了。

但是我相信，你绝对不会允许身边的任何人像你有时评论自己那样谈论你。

**一生中，我们不停地和某个人对话，一刻也不停歇，而这个人就是你自己！**

人平均每天会产生 6 万个想法。诚实地说，这些仅存在于脑海中的想法一旦说出口，可能马上让你的伴侣或朋友和你断绝往来——完全不需要解释，根本没办法原谅。你一秒钟也无法忍受，但脑海中的声音和你如影随形，让你感到内疚，并给自己贴上诸如"我就是一堆无可救药的细胞"的标签。请告诉我：这样做有什么意义呢？

这样贬斥自己除了与现实毫无关联之外，还有另一重害处：毕竟，话说百遍会成真。如果总是这样评价自己，久而久之你就会相信自己所说的内容。

请再读一遍这句非常重要的话！

**如果总是这样评价自己，久而久之你就会相信自己所说的内容！**

对于某种未必合理的信念，如果我们坚信不疑，会怎样呢？那就会导致在某一刻我们的大脑无法分辨那些一再重复的事情到底是真还是假。

他们无法分辨那个萦绕在我们耳边，像煞有介事地将吃每块巧克力的行为都称为"失败"的声音到底是正确的还是胡说八道。一旦听得多了，人的大脑就会开始相信所听到的内容。

这是一个循环，我们深信不疑的事情慢慢地会成为生活的现实。我们对自己的信念以无数种方式变得有形，体现在我们的行为举止、肢体语言、声音、薪资涨跌、男女约会、与人交谈、子女教育、朋友间的友谊，以及我们与他人的各种关系之中。内心的声音影响着我们的生活，尽管其他人听不到，但别人可以从我们与自己的关系中感受到。

**有鉴于此，我向你提出几点建议。**

每天早晨，站在镜子前面，在你开始洗漱之前，当你还穿着皱皱巴巴的睡衣，口中的气味依然难闻的时候，你唯一要在心里告诉自己的事情就是：你是这个世界上最了不起、最美丽、最明亮的星星。还需要对自己说什么别的话吗？这简直就是在胡诌。你笑了吗？不停地笑吧——大笑可以分解压力荷尔蒙！笑归笑，但是请不要忘了真正的信息：你真的很了不起。你的才能，无论大小都弥足珍贵。花点儿时间回想一下你所取得的成就，写下那些值得骄傲的事情。如果这里的空间不够，建议你拿一个活动挂板，并将它填满。

在人生中的某个时刻——甚至可能有好几次——你气喘吁吁、精疲力竭地来到十字路口，无助地坐在冰冷坚硬的柏油马路上痛哭。你真的不知道该怎么做才好；你感到孤独，不知道下一步该往哪里走，更不知道自己的方向到底在哪里。但是，你依然鼓起了所有的勇气，使出了所有力量，继续前行。

亲爱的朋友，请你站起身来给自己一个大大的拥抱，然后再接着往下读。

"托比，我犯了很多错。"真的吗？我和你一样。犯错不是什么坏事！犯错是人之常情，它给我们提供了不断学习的机会。我一次次地犯错，但我每次都能从所犯的错误中吸取教训，以便争取下次犯更有价值的错误。

请原谅犯了错误的自己，面对挫折时善待自己，就像欣赏别人一样欣赏自己，唯有这样，你才是真正地爱自己。如果真能这样做的话，你就不再需要靠几块巧克力和一份豪华薯片来减轻沮丧感了。你再也不需要通过疯狂的抽烟，或者酩酊大醉来忘记你的所作所为。

你一旦开始爱自己，就不再需要这个世界来告诉你如何才能变得更好、更美、更迷人。那些铺天盖地的广告背后无一不是在告诉你，没有这些东西你就是不行。你需要这些化妆品才能"完美无瑕"，你需要这块手表才能彰显影响力，你需要这款跑车才能给约会对象留下深刻的印象，或者 99 英镑一罐的瘦身凝胶你需要用到第一百种才能起效。但事实却是，你根本不需要这些东西，因为：

**你本来就很好。**

你本来就很可爱、很独特、很迷人——你就是这样的人。然而，在当下这个社会，你绝少有机会能听到这些信息。原因是你一旦认识到了这些事实，你就再也不会去消费这些商品了吧。

我们该如何重构内心的声音呢？要做到这一点，就必须认真而频繁地倾听自己，并不时地审问：内心的声音中哪些可能是谎言？关于倾听自己内心声音这个习惯，最危险的莫过于我们甚至都没有意识到自己正在说谎。习惯成自然，在某种程度上，这完全可能在你没有意识到的时候发生。事实上，我们频繁地告诉自己的很多内容都是在童年或青少年时期形成的旧观念。所以当我们为人父母时，必须时刻牢记，小孩子会像海绵一样吸收他们所听到的一切，并对其中的一些内容坚信不疑，终生不变。

在你的内心深处，住着一个永远也不会变老的微缩版的自己。如果你愿意接受它，我们将在下一章带着这个小小的"你"踏上旅程！

这个"你"永远只有4岁，他（她）相信你说的每一句话。你对他（她）说的一切都是他（她）的现实，也是你的现实。无论你现在多大年龄，你内心的声音总是在和住在你内心的这个小孩儿说话。每当你说他（她）没价值、不漂亮、不成功、没理想、不强壮、不自律的时候，他（她）就禁不住退缩。他（她）误以为自己过去、现在、未来，无论怎么做都不够好，无论怎么做都达不到要求。

没有人告诉我们，一旦长大成人，我们要做的就是照顾好自己。但是，很多人却相信总有别人会为我们准备妥当这一切。父母照顾了我们这么久，该是我们走出去开启自己的生活，寻找一个能够替代父母的人的时候了：一个新的"父母"，一个以人生伴侣的形式出现的人。

我们依赖别人的照顾，让别人来决定我们的感受，却忘记了其实我们自己就能够左右这种感受。开启一段美满关系的不是别人对我们的爱，而是我们对自己的爱。

## 通往心灵的旅程

在与我一起踏上这段旅程之前，请你营造一个合适的氛围，让自己舒服一点。

最重要的是心中不要有任何的恐惧——这个世界上根本没有什么"做错"的事。即便是对未来充满了不确定，也要尽力去接受即将到来的一切。

你想改善自己的人际关系吗？祝贺你，拥有这个目标的人值得大家钦佩。然而，要实现这个目标，你首先需要决定是把这个目标当作绊脚石，还是把它当作一个绝妙的机会。这完全取决于你自己，也是需要首先解决的关键问题。在你和别人建立起真正持久的关系之前，你首先要能和另一个人和平共处，并与其重新坠入爱的海洋。

这个人就是你自己。

或许这句话让你禁不住停下来想要喘口气。没关系，请你深深地呼气吸气，然后开始下面的练习，和我一起踏上通往内心深处的旅程。在那里，有一个小孩儿正在翘首以待，就等着和你相见。也许这个孩子的形象在你心中早已模糊不清，最初的印象或许早已经被自我怀疑、轻蔑的话语（别人对你的评价，然后融入你自己的言语中）、痛苦和负面的经历所埋葬。现在，我请你释怀。当你重新打开心扉的时候，你学到的内容将永远改变生活，改变你的人际关系。

请播放一段音乐，享受这一份安静。请你集中注意力，务必保持至少在 10 分钟内没有外界的干扰。

请舒舒服服地坐在椅子上，挺直腰身。耸耸肩，让脊椎骨放松，双脚着地，闭上眼睛。

你开始注意到周围微小的声响，听到自己的呼吸声，感受到各种想法在你的脑海中疾驰。不必在意，不要赋予它们任何意义。你可能会意识到你的身体、你的盆骨和双腿、你的胃、你的肩膀、你的手臂和头部。请安静地呼吸。

你可能会感受到心脏的跳动，每一次心跳，都更放松一些。随着心跳的节奏，你进入自己的内心世界。想象着你的手和脚都是那么的轻柔，伴随着每一次呼吸，手脚也逐渐变得更有分量。更加沉浸于这种平静和放松的状态，让呼吸和心跳把你带入自己的内心。

如果脑海中那些自然而然的念头始终挥之不去也纯属自然，就让它们像云一样飘荡在你的意识中。你只需将注意力集中到呼吸和心跳的节奏上就好了。此时只有你，也只为你自己。

沉浸在这种放松的状态中，想象着自己离开了身体，飘浮在空中。想象着你已经离开了正端坐其中的房间，飘向另一个空间，来到意识中的某个地方。

呼吸，每一次呼吸都能让你更深入地感受到温暖。

你落在另一个房间里，感觉到了脚下的地板，然后环顾四周。在这个房间的四面墙壁上都挂着一些图片。凑近了看，发现是一些照片，都是你自己的照片。从房间的任何一个角落你都能看到自己，真是不可思议。这些照片展示着你的人生历程：从现在的你一直回溯到你降临到母亲子宫的那一秒。

穿过房间，就像是在时间轴上移动，每经过一张照片都变得更加年轻。20 岁，18 岁……你看到自己第一次开车，或者你第一次工作的场所；你看到自己十几岁的情景，正和朋友们一起欢笑；你看到 10 岁时的你，正走在上学的路上。每一张照片，你的生活都在向回倒退。最后，你看到儿时的自己：5 岁、4 岁，然后是 3 岁。你的脸上绽放着光芒，你手舞足蹈，脸上总是挂着灿烂的笑容。

跟随时间的推移，你被深深地震撼了，穿过这间意识的密室，你觉得有什么东西拂过你的右手。有人温柔地握住了你的手指，把他（她）的小手放到你的手心里。惊讶之余，你低头看到一个小孩儿正站在你的面前。你们的目光相遇，你马上意识到——这就是两三岁时候的你。

凝视着对方的眼睛，你感到惊奇，一种更加深刻的快乐涌向你的心中，涌向你的全身。"哇，"你意识到，"这就是我！"

孩子看着你的眼睛开始哭泣。当眼泪从脸上流下的时候，你们大声地说："终于来了，你终于来了！我等你已经很久了！"

此时此刻，如果你感到有一种强烈的情绪试图浮出水面：那就让它去吧。给它空间，让它自由地发泄。

"我太想你了！"孩子哭了。"你每天都戴着面具，把自己藏起来。求求你，求求你，回来跟我一起玩耍吧！"

看着孩子的眼睛，跟随内心的直觉，你伸出手，把他（她）抱在怀里。你的内心充满了爱，你感到了坚强，也感受到了满满的幸福。你将他（她）搂在怀中，放在心里，与他（她）贴在一起。你们的心越贴越近，你们之间的能量和爱再一次奔涌开来。

孩子在你的怀抱里颤抖，他（她）充满了深情、泪水、笑容和快乐。你在这里是他（她）唯一的愿望。他（她）渴望你再也不要被成年人的表演所禁锢，希望你记起和他（她）一起玩耍，一起欢笑，一起相互依偎的美好时刻，希望你全身心地融入他（她）的世界之中。他（她）想和你亲密无间。

把脸埋在孩子柔软的头发里时，你的心中涌动着一种无与伦比的、无条件的爱，一种深刻的、永无止境的爱。在脑海里，你们亲密地交谈。"我爱你，我在乎你。"你说。"我爱你，因为你是我在这个世界上唯一真正拥有的人。我保证会照顾好你，因为如果我爱你，我也会爱别人！"

在脑海里，你紧紧地拥抱着那个小家伙，感觉到你们两颗心在一起跳动。你们互相接纳，目光再次相遇，你看着孩子的面庞。在分别之前，你送给孩子一份美丽而巨大的礼物，送他（她）再次出发。你用爱的语言和情感与他（她）告别。

突然，你感到房间开始旋转——先是慢慢地转动，然后越转越快。你们一起旋转，孩子在你的臂弯里，就像夏日的海滩一样安全又轻盈。他的脸上洋溢着幸福的笑容。伴随着这深刻的喜悦，一种顿悟降临于你。这就是现实！这个孩子无时无刻不和你在一起，这种轻松，这种喜悦和深深的爱其实一直都在。更重要的是，这是任何人都无法褫夺的、只属于你的东西。

又旋转了几秒钟，渐渐地你准备回到旅程开始时的房间。深吸一口气，从5开始慢慢倒数。

**5**

离开那片海滩，引导着意识回到身体。

**4**

你慢慢地感觉到自己的双腿和胳膊。你感觉到自己正坐在椅子上，感觉到你身处的房间。

**3**

想象着清澈的泉水拍打着你的头顶，涤荡着你的意识，让你充满了活力，让你清醒。

**2**

深吸一口气，你感到自由，心中充满了爱。

**1**

你回到了现实中。

## 请再次确认你和住在你内心的孩子的对话

"你在这里真是太棒了，你就是你，请牢记这一点。"

"你周围的人往往忽视了你的完美，这是他们的遗憾。"

"感谢你默默地忍受这一切！你真的是一个坚强的人。"

"以前，我没能欣赏你，但我保证以后再也不会让你负担太多的责任，也不会忽视你的存在！"

"我不会再让你被陌生人摆布。对我来说，你无可替代！"

"未来，把一切困难都留给我，你的任务就是做一个快乐的孩子。只要你愿意，就可以尽情地玩耍、欢笑，甚至悲伤，不要害怕，我一直守护着你！"

# 父母的爱

父母也是人，这真是件怪事。在生育子女和抚养后代这件事情上，他们并不比工厂里那些学艺不精的工人更有经验。

——罗里奥特（Loriot）

日本有句谚语说："只有当一个人有了孩子，才会意识到父母之爱的伟大。"做了父亲之后，我完全可以证实这句话的真实性。自己有了孩子，我们就会明白很多事情：我们爱这个我们创造出来的小生命，我们担心他（她）是否拥有所需要的一切。最重要的是，我们总是担心自己可能无法完成父母所要承担的艰巨任务。

作为我的两个孩子玛雅和埃米尔的父亲，我在这场他们人生的冒险旅程中扮演着导游的角色。在我看来，我的任务是帮助他们拥有强壮的体魄，并帮助他们认识到，人虽渺小但我们每个人都拥有自己的身体、思想和灵魂。我相信作为人类的一员，每个人都有自己的"心灵计划"，如果能够遵循这个计划，就能获得蓬勃的发展。我想让孩子们清楚地知道，我对他们的爱不附加任何条件，这一点非常重要。他们是那么的充盈而完美，是这个世界上独一无二的存在。孩子在降生的那一刻，脑海中没有任何偏见。我不想把我的世界观强加给他们，只是希望与他们分享每一个特别的时刻，帮助他们深扎生命之根，鼓励他们寻找属于自己的道路，而非剥夺他们在这个过程中应该发挥的作用。

我和妻子丽塔不希望孩子们复制我们的人生，也不希望通过孩子来追逐自己曾经错失的机会和未曾实现的抱负。因为那样做是不可持续的，用孩子来满足父母私念的做法无法长久。

多年来，我见识了一些让孩子们发挥激情，独立探索自己人生的好方法。这当中，给我留下深刻印象的当属一支非常特别的儿童管弦乐队：他们的演出是很久以前的事情了，但是他们的故事依然留在我的脑海中。

作为管弦乐队的一员，孩子们每年都可以到乐器储藏室里去自由活动一次，在那里他们可以挑选自己喜欢的乐器。其中一个 6 岁的小女孩儿相中了一把硕大的大号，并骄傲地把它拖到了舞台上。

一旦所有的孩子都作出了决定，他们就都站到厚厚的幕布后面去。神奇的事情发生了：在坐满观众的音乐厅里，幕布拉开，观众们都站起来，热情地为孩子们鼓掌。根本不需要告诉孩子们如何演奏，他们想怎么演奏都可以。令人惊讶的是，在大多数情况下，他们各自独立地操弄着所选中的乐器，沉浸在与乐器第一次相遇的美好氛围中。

众所周知，无论大人小孩儿，人们天生都有对爱的渴望。在理想情况下，这种爱会经历好几个阶段：

1. 当还是婴儿的时候，不高兴了就大声地哭闹，父母的怀抱给我们带来安慰。

2. 一段时间以后，我们渐渐地明白了爱来自我们的行为，也来自我们自己。

3. 我们的爱不同凡响，不期待有任何的回报。到了这个阶段，我们的爱变得丰富多彩！

4. 爱的最高境界是即使受到伤害也依然去爱。

可悲可叹的是，有些人即使到了成年还是哭着闹着寻求别人的爱和关注。很显然，他们没有成功地度过以上所说的那些阶段。为什么会这样呢？为什么有些人会停留在爱的较低水平，而有的人尽管受到了伤害却依然能爱？为什么有些人会发展出一种坚定不移的基本信任，而另一些人终其一生都在寻找爱，却从未在自己或他人的身上找到？为什么有些人能够毫不犹豫地建立起稳定的关系，而有些人却一次又一次地陷入失望？

在童年的时候，父母们不仅向我们解释这个世界，还会向我们展示这个世界的丰富多彩。他们向我们展示了什么是爱，以及如何去爱。他们教会我们如何才能获得爱。最理想的情况下，他们教会我们爱不是一种交易，告诉我们好与坏的边界。作为孩子，我们像海绵一样吸收所有这一切。因为在那个时候，我们根本不可能想得比父母更周全。最重要的是，我们相信父母的决定。我们的信任来自直觉，而成年人根本就不相信任何事情，或者他们需要一个更加庞大的安全网。孩子对世间的信任是与生俱来的，他们相信没有人会对他们不好，最重要的是，他们知道父母最希望他们幸福。

我认为这也适用于父母和成年子女不再定期交流的情况。简而言之，父母总是希望他们的孩子得到最好的，而什么是"最好的"由父母的价值体系来定义。其实，父母的这些价值观又在很大程度上源自他们的父母。这些价值观被一代又一代人全盘继承的情况也并不罕见。

你的一些与现实不一致的信念很可能就是通过这种方式获得

的，理所当然需要从你的世界观中剔除。"生活中没有免费的东西"这个观念就是一个例子。当然，在"二战"后的艰难岁月里，这样的警示自有其道理，它的存在是有原因的，也绝非完全不对。诚然，和当下一样，爱在当时也同样不求回报，但人不能仅靠爱生存。如今，我们生活在一个繁荣而仁慈的社会里：在这个社会里，许多人拥有所需要的一切，并渴望以力所能及的方式回馈社会。这意味着我们能得到很多"免费的"东西。当下的生活中很多事情并非别有用心，也的确不期待任何回报。

从本质上讲，事情并不一定都是物质性的。通常情况下，那些情感、精神或知识储备得到保护和捍卫的人更加愿意帮助别人也实现这样的目标。当然大家也不要忘了，生活中的很多场景都告诉我们"生活中没有免费的东西"，这仍然是我们每天都要面对的现实。世界上还有很多人每天过着入不敷出、难以为继的生活，这种状况本身就够可悲的了。

也许父母经常说你是一个"爱担心的人"。身为成年人，你总会回避新的挑战。或许你的数学考试总是"不及格"，每次只能得到 C 或 D。这将会动摇你的信心，以至于你对数学的厌恶一直持续到今天：但凡需要在脑子里算账，你的大脑就会变得一团糟，3×3 被你算成了 3 + 3。大家都知道，这并不是数学能力低下导致的结果。

也许多年来你一直奉行着与众不同的人生信条，或许是迫于母亲的压力，你开创了自己的事业。"我女儿做事情的方式会和我不一样。"她可能会说，"我女儿不会这么早就生孩子，她一定能完成大学学业。"但是在内心深处，你可能感到孤独。因为你真正想要的是别的东西：有一个自己的小家庭，一所郊区的房子，过着舒适的中产阶级生活。即使你对父母为你安排的生活知之甚少，你依然如实地执行着他们的计划——你心甘情愿地学着去理解这种生活。

无论这些信念是如何产生的，我敢肯定，父母从来没有想过要让你的人生变得困难。相反，父母爱你，他们总是希望你过上最好的生活。他们在表达这种信息的时候是否显得有些不耐烦？是的。他们是否在某个阶段将他们自己的需求置于你的需求之上？很可能时有发生。他们是否复制了从他们的父母那里学到的模式，并在几乎没做任何反思的情况下使其固化，拒绝任何更改？是的。为什么？因为父母也是人，因为孩子是父母人生中最美妙的礼物，但也是最让人筋疲力尽、最具挑战性的礼物。为人父母，我们必须在两件完全不相容的事情之间找到平衡：我们想让孩子与我们亲近；同时，我们也希望他们能展翅高飞。这是个巨大的挑战。因此，偶尔强调其中的某一方面是再正常不过的了。

是我们自己选择了自己的父母。尽管这种想法似乎相当的不切实际，但我仍然坚持这样的信条。寻寻觅觅很久之后，我选择了德国伍珀塔尔市（Wuppertal）的艾丽卡（Erika）和霍斯特·贝克（Horst

Beck）做我的父母：他们是这个世界上唯一愿意接纳我的离经叛道，并给予我无私的爱的人。回首过去的岁月，我特别感谢他们给我的信任，让我知道随时可以回家，更让我知道他们对我的爱没有任何附加条件，也不需要任何的回报。我的父母总是让我觉得自己"足够好"，让我觉得总有一天我能做一番事业。

至于这个所谓的"事业"是什么，他们也说不清楚，却对我不断变化的想法表现出了难以置信的耐心。当我的同龄人都已经制订了坚实的未来计划的时候，我的"计划"还依然每周都在变化。从医生到动物学家再到阿拉斯加蓝莓进口商……没有什么是不可以考虑的。每当我有了一个新想法，我的父母都坚信不疑，这让我总能感受到来自他们的支持，也觉得自己的想法还不错。他们的支持让我很幸福。我真的要衷心地感谢我的父母，是他们让我展开翅膀，是他们让我在帮助别人飞翔的同时，也能成就最好的自己。我的父母对我总是很宽容，正是因为他们的榜样力量，我才能引导自己的孩子走上应该走的道路。

### "被爱的孩子长大后也会成为有爱心的人。"

自打一出生，孩子就拥有了虽然微小却已完全成形的人格。每个孩子都有自己的性格特征和无法抑制的意志。他们带着各自的"理由"来到这个世界上。有时，他们与我们如此相似，以至于很难将他们的愿望和期待与我们的区分开来。有时候，他们对"为什么"的理解对我们来说是如此的陌生，以至于我们必须放眼远眺，才能理解。有些家长成功地做到了这一点，而另一些家长则并非如此。这并不是因为这些未能成功做到的家长对孩子怀有恶意（我要在此澄清，本书不涉及任何形式的虐待或疏忽），而是因为在某些情况下，他们自己对"为什么"的理解早就已经被湮没了。或者说他们可能只是缺乏自我反思的能力。最糟糕的情况莫过于有些人可能同时缺乏如上所述的各种因素。

随着年龄的增长，人们越来越难应对周围的变化并将其顺利地融入生活中。我们都熟悉这句话，"一切都比以前好"。其实这并不是什么普遍的真理。的确，在某些时候，我们身体里的"硬盘"被塞满了。过往的经验根深蒂固，这导致我们的大脑很难形成新的链接。但是在年长的父母当中，有些人却比另一些人更容易作出改变。

即便父母们意识到他们做了错事，或者做错了很多事，他们也很难承认自己的错误。例如，当孩子需要他们的时候，他们却不在孩子的身边；或者总觉得没有自己的指点孩子们就活不下去。有的时候，我们需要父母的道歉，但是我们也知道可能这个道歉永远也不会到来。父母们尽了最大的努力，无论我们在童年和青年时期有什么样的缺憾，现在这一切都已经永远逝去了。我们不要觉得自己可以让那一切重新来过，这样的观念必须从你的脑海中根除。现在我们能做的是努力通过宽恕来填补自己内心的缺失和空白。

是时候与养育我们的人告别了。记住那些美好的事物，原谅那些不完美的过往，只有这样我们才能在爱与和平之中与他们分别。这并不是说只有那些父母依然在世的人才能做到这一点。宽恕之美在于它就发生在你的内心之中。

关于你自己，关于这个世界，你无意中从父母那里接受了哪些观念？不妨想一下，将它们写下来。根据你的判断，如果说你认为某些来自父母的观念是正确有益的，你也希望保留，那当然很好！如果你发现某个信念很难获得你的认可，那就把它删掉，并练习着有意识地把这些观念从你的思想中移除。

## 人生之旅

有多少次在工作期间你的目光从同事的肩头看过去，心里想："嗯，你可以这样做，但是效果可能不会太好。"又有多少次，当看到结果的时候，你不得不痛快地承认，"实际上，这么做也同样很好哇。"

**世上之人皆不同。**

不仅是不同，而是差别巨大。别人思考问题的方式可能你做梦都没有想到过，每个人都有各自解决问题的方式，每个人都期待着以各自的方式去冒险。这真是一件好事，正是各种不同造就了这个丰富多彩、令人兴奋的世界。有些人带着滑雪板从直升机上纵身跳下，以这种方式来感受生命的活力，而对另一些人来说，用手去撕面包就是生活的极限。与某些人找不到共同点是再正常不过的事情。

迪士尼乐园里的角色个个都不同，但在每天快要闭园的时候，每个角色都汇聚在一起，大家抛撒闪闪发光的五彩纸屑庆祝这一天的结束，感受到了各自不同的欢乐。这就是不同的意义。人生旅程只有一次，时间宝贵，切莫浪费。

如果每个人都只有一次假期，在此期间我们有机会进行一次难忘的旅行，我们是会把时间花在与别人的攀比上，还是花在兴奋地聆听旅途中遇到的人所讲的故事、了解他们的想法，并祝他们度过一段美好的时光上呢？

**此处所说的旅程确实存在，那就是你的生命之旅！**

冒险家与跟团旅游的游客之间的不同就在于，后者总是在自己的舒适区中结束行程。他们整天和团友待在一起，还少不了各种抱怨：抱怨是别人碰巧遇到了好天气，是别人碰巧付了更少的钱，是别人碰巧排上了更短的队伍。但是这样浪费时间有什么意义？

冒险家知道在旅程中应该多倾听同伴的经验，多向别人学习，并认识到与人分享旅程中的见闻其乐无穷。

在我看来，生命的旅程像是一趟乘坐长途汽车的旅行。这不是一趟全程空调的五星级豪华之旅，而是那种车到了南美洲的大平原上，轮胎却破了个洞的旅行，车上的空调遇到 30 摄氏度的高温就会失灵，车上的厕所总在你胃不舒服的时候堵塞。这是一趟舒适区之外的旅行，是一趟伟大的生命之旅。一路上抛锚、弯路和车祸不断，需要生活中的冒险家们勇敢面对。

我们坐上这趟人生的巴士，遇上了父亲和母亲。起初，我们相信他们会永远与我们同行。到后来我们发现情况并非如此，所幸会有更多的旅行者上车，取代他们的位置：兄弟、姐妹、表亲、恩师和朋友。如果幸运的话，我们可能会遇到自己的挚爱之人——一个、两个，甚至三个。

有些人的存在总会提醒我们不要成他们那样的人。有些人的离去会在我们的生命中留下空洞，而有些人的离开不会引起我们的注意，甚至能让我们松一口气。人生就是一场悲喜交加的旅程，充满了欢乐、忧伤、喜悦和告别。有些人会在我们的心里留下印记和永恒的回忆。生活中的成功并不取决于与每个人都相处融洽，也不在于理解别人，或者用我们的方式说服别人，生活的成功在于简单地享受这段人生的旅程。

生命的最大考验就在于人永远不知道自己的目的地什么时候会

发生改变，也永远不知道这趟旅行什么时候会戛然而止。因此，我们必须好好地生活，好好地爱，原谅自己并总是把最好的留给自己。当到站下车的时候，我们收获的将是满满的美好回忆。

每个人的人生都是一场冒险，只有你自己能决定这趟旅程将去往何方。

那么，谁是你"人生巴士"上的同行者呢？他们中的哪些人会在你的心中留下印迹？认真想一想，请拿起电话打给他们！告诉他们是这本书激励了你，让你不由得想念那些你最关心的人。

## 吸引对的人

谁会给你的生命旅程带来幸福？这个问题我无法回答。为了让生活中的你总是被你喜欢的那种类型的人环绕，我邀请你成为他们当中的一员。然后你就能吸引同样类型的人进入你的生活。

**这是因为，相似的人总能相互吸引。**

这个世界上没有什么比真心和诚意更吸引人。你能猜到我要说什么吗？是的，是时候摘下面罩，取下墨镜了。

布琳·布朗博士的演讲吸引了 1000 多万人观看。演讲中她说，脆弱是与他人沟通的关键。我们经常觉得，一旦暴露了自己脆弱的一面，别人就会不再愿意与我们打交道。然而，在现实中，没有什么比在展示自身优点的同时诚恳地袒露自己的缺点和不足更能吸引人了。

是的，亲爱的读者，为了取得进步，你必须敞开心扉。通常，我们不确定是否应该向别人敞开心扉。因为我们害怕对方会对我们的不完美产生负面的看法。就像是生活中，当一个人不请自来突然闯入我们的房间的时候，我们会马上用一块毯子盖住那些乱七八糟的东西，或者赶紧把它们都塞到沙发底下。向别人展现真实的自己需要很大的勇气，但往往你会得到两三倍的回报。面对那些影响你、让你变得脆弱的事情时的坦诚，会让你变得更加平易近人，并对别人产生难以置信的吸引力。与其一味地规范自己的行为和隐藏真实的自己，不如以开放的精神与人交往。

脆弱不是弱点。相反，脆弱是一种经常被低估的力量，也是人际关系稳定的先决条件。这种描述不受领域的限制，在商业领域也一样成立。过去20年，我所见过的最优秀的领导者都是那些敢于在公司的聚会上展示丰富的人性，敢于承认自己的错误和缺点的人。在遭遇危机的时候，这些优秀的管理者总是能和团队坚定地站在一起，共渡难关，而不是采取简单粗暴的方式，企图通过指责高级管理层来摆脱危机。

被误导而产生尴尬的时候掩饰自己的脆弱是很危险的。因为人所有的情感会相互影响，相互作用。这就意味着，如果我们刻意隐藏或压制自己的脆弱，负能量就会不可避免地转移，并在不知不觉中影响我们感受幸福、快乐和爱的能力。

几年前，我参加了一个在泰国举办的研讨班，有机会目睹人在摒弃了外在偏见之后会变得多么的美好。研讨班要求所有参会者不能使用平日里大家经常用来美化自己的工具。对很多女性来说，那就是化妆品，而对我来说，那是我的发胶和外衣。

一开始，当我穿着内衣，蓬头垢面地坐在一群完全陌生的人中间时，我内心的声音完全失控了。过了一会儿，我突然意识到正是因为脆弱、不完美的特质，才让每个人都如此的美好。我意识到自己经常是借助外表来营造出一种"我很强大"的假象。直到今天，我仍然在努力地摘下虚荣的面具，努力与他人真诚地沟通。这样做并不容易，但所幸的是我每天都在进步。你何不也亲自试上一试？这个过程中你非但不会有任何损失，还会收获很多。你一般是通过哪些外在的东西来构建你在别人眼中的形象呢？

你一定听过这样的说法：你就是围绕在你身边的人群的总和。读到这里，我邀请你进行一次诚实的现实感测验。谁对你好？谁支持你做自己？谁支持你实现梦想？与此同时，谁是消耗你能量的吸血鬼？明确知道这一切非常重要，毕竟周围的人对你的生活有着巨大的影响。搞不清到底该向谁敞开心扉，你很容易变成一个不识趣的人。

你有没有注意到，周围的某个人因为某种新的人际关系，突然发生了根本性的变化？我曾经认识一个人，他本来是我见过的所有人当中最快乐、最活泼的，但可惜他结交了一个消耗他精力的磨人精。就像是滴水穿石一样，没过几年，这个人变得让我完全认不出来了。我要再强调一遍：你选择和谁一起共度时光，就会变得和谁一样。

我们保护自己的家园免受窃贼的侵扰，我们安装杀毒软件防止电脑感染病毒，但我们该怎么做才能保护生命中最珍贵的东西呢？最简单同时也是最形象的比喻就是：润唇膏。嘴唇不会怀疑你使用的唇膏是否有机，是否致癌，只管吸收你涂抹在上面的物质，然后将其均匀地分布到嘴唇上。这个类比很浅显，对不对？

"那么解决方案到底是什么？"你可能会问。

答案很简单：你要和那些与你有相同"人生使命"的人在一起。你希望身边有什么样的人？他们有什么样的性格特点？有什么样的价值观？他们的言行举止如何？

对此我的建议是：再看一眼你刚刚列举出来的那些品质，努力也成为那样的人。如果真的这么做，就会自然而然地吸引到很多对你有益的人，进而远离那些掠夺你精力的人。扪心自问你还需要作出哪些努力才能把自己变成你想成为的那个人？

## 感念与再见

在过去 20 年里，我的自我发展中最重要的一环就是时常回首过去，回忆我曾和谁一起度过时光。

过去的我很在意自己的外表是否很酷帅。尽管我从来没有真正地酷过，但这个念头却牢牢地印在我的脑海里。

每到星期五晚上我就反复打扮自己，为整个周末的聚会做准备。当我对这个世界的厌烦情绪被酒精麻痹，那些本来不善于表达情感的人在我的耳朵边嘟囔着说爱我的时候，我的人生似乎变得正常而美好起来了。为什么会这样？这其实是归属感在作祟。老实说，我害怕一个人独处，那个时候的我很在意别人对我外貌的看法，我用毫无意义的玩笑和俏皮话来掩饰自尊的缺失。我穿着别人为我挑选的衣服，总是努力融入别人的生活中去。

即便如此，我的内心依然渐渐开始抵制这种所谓的"随大溜"。不知道你是否也有过和周围的人格格不入的感觉。

我发现自己处于挥之不去的困惑中。我"被允许"与众不同吗？是什么给了我这个权利？我是谁？这些问题激发了我的兴趣，让我从很小的时候就开始阅读有关个性发展的书籍。我参加各种研讨班，满怀热情地将我学到的知识告诉给朋友们，全心全意地希望大家能够一起成长。可惜我很快意识到，我被贴上了疯子、蠢货和空想家的标签，他们中只有极少数人认同我对这个世界的新看法。

突然有一天，我的思绪被打开，开始思考更加宏大的问题。我不再允许别人将规则和惯例强加给我，我不再是"他们"中的一员。我成了所谓的"离群之马"，人们开始在我背后窃窃私语。但这是我人生中个人选择的开始，我列出了自己希望周围人身上拥有的品质：

**我想要的是：**

思想开阔

实干

爱的意愿

脆弱

爱

社会参与

整体思维


**我不再想要的是：**

逢场作戏

怨恨

受害者心态

哭哭啼啼

谎言

目光短浅

恨

嫉妒


是时候轮到你列出自己的清单了。你希望在你周围的人身上看到什么样的品质，你打算从哪里画出分隔线？


如今，我再也没有了逢场作戏的欲望，更不愿意和那些不是100%符合我标准的人在一起。这样坚持了一段时间，我得到的其中一个收获就是再也不害怕说"不"。现在，我把与大家共享的时光当作一份礼物。同时，也愿意和少数几个与我有相同价值观和标准的人一起走在人生的道路上。长久以来，我屈从于别人的观点，这让我很不开心。现在，我很感激能和对自己有益的人一起共度时光。

未来，你将有机会参与关于你个人的艰难处境的讨论。回首过去，我认为正是这一步让我走到了今天。记得有一天，我一边翻看通讯录，一边问了自己以下几个问题：

谁对我有益？

和谁的谈话让我备受鼓舞？

我不适合与谁交往？

谁给了我力量？

接下来可能是最困难的一步。我给一些酒友、爱抱怨的人、磨人精打了电话，和他们的谈话都是这样的。

"嘿，托比。我有很重要的事情要和你讲，请给我一分钟的时间。能认识你真是一件开心的事情，我很感激大家一起度过的所有时光。长期以来，我们走的都是完全不同的道路，大家各自优先考虑的事情并不相同。每次交谈，我都觉得彼此把对方拖进了一个完全不了解的世界。现在，我正处于为梦想和目标努力的阶段，以后喝酒和聚会的活动我就不参加了。如果你还在乎我的话，请接受我的决定。"

这样的谈话非常不容易说出口，接下来合乎逻辑的做法就是搬到另一个城市去，以便抵制重回旧模式的种种诱惑。即使这样的谈话伤人，也一定要实话实说。你可以这样拒绝："谢谢你的邀请，但我不会参加你的聚会。"我绝对不会因为客套而去参加任何活动。人在这个星球上旅行的时间短暂而美好，我可不想浪费一分一秒。

在我结婚前不久，学校里最好的朋友打电话告诉我说他不会来参加我的婚前单身派对。他说，他和在场的人毫无共同之处，他不知道如何与他们相处。起初我很受伤，但后来我开始感激他的坦诚。我换了新环境，新环境也改变了我。

许多人决定追求另一种生活：安逸的生活，稳定的工作。这完全可以理解。有的时候我希望自己也能像他们一样，但我做不到。问题是，为了接近那些曾经非常在乎的人，我是否应该放弃自己的梦想？

# 与导师的关系

导师能让你看见内心的希望。

——奥普拉·温弗瑞（Oprah Winfrey）

在最近的一次电台采访中，我碰到了一个特别有趣的问题。"如果你必须从零开始，"主持人问，"假设你只能留下一样东西，你会选择留下什么？"起初我并没听懂问题，她又解释了一遍，"你可以选择保留你当下生活中的任何一样东西：你的团队、通讯录、社交媒体上的观众，任何你想要保留的东西都可以。"

对于这个问题，我并不需要太多思考。"我选择保留，"我说，"包含了我导师联系方式的通讯录。"为什么呢？因为在我最需要的时候，有这些人的大力帮助，我就能在几个月的时间里重新站立起来。

在过去的 20 年里，我一直在努力迎接一项特殊的挑战：为我的导师——也就是那些在我选择的道路上比我走得更远的人——提供额外的价值，而不要求任何回报。我想要保持与他们的平衡关系，而不是破坏这种平衡。"优秀到不能被忽视"是我最喜欢的一句格言，而不是"假装成功直到真的成功"这句愚蠢的陈词滥调。导师在一英里外就能认出谁是骗子，当他们意识到你在装腔作势的时候，很快就会和你疏远。无论什么时候和潜在的能成为你导师的人交谈，他们都会引导你关注一些非常重要的问题：

### 在你身上能看到我自己吗？

——你像年轻时的我吗？

——你愿意付出和我一样的代价吗？

——我能看到你眼中的火焰、腹中的饥渴吗？

假如答案都是肯定的，他们就会自然而然地把你置于他们的羽翼之下。不需要你作出正式的请求——这样的请求是不可取的，因为这样做会显得你自尊心不强。从第一次面见导师的那一刻起就开始为导师提供附加价值才是更好的方式，你的导师没有其他选择！

在有影响力的人那里，企图用花言巧语达到目的是徒劳的。相反，我建议你用两件事来吸引潜在的导师：其一，一个问题；其二，一个表达你真实态度的提议："我能为你做什么？"在我收到的所有咨询中，99%都是友好的、有见地的、适当谦逊的。然而，不可避免的是，有些人的咨询却并非如此——这些人完美地证明了如何不能得到别人的支持。下面的故事就是一个很好的例子。

记得那是几个月前的一天，我站在小便池前拉上拉链。3个小时的旅行之后，很高兴有机会能上个厕所。突然，有个男人拍了一下我的肩膀，我的身体猛地往前一冲。"嘿，"一个满身烟味的人在我耳边说，"你很生猛啊。我是卖健康产品的，给你留一个样品试试。"

等我反应过来的时候已经太迟了：他一只手拉着我没有完全系好的裤子，把一件什么东西塞进了我的口袋。从厕所出来，我伸手在裤兜里发现了一张名片和一些产品的样品。朋友们，请听我说：事情不是这样做的！我无论如何也不会接受一个抽烟的人提供的关于补充膳食的建议，毕竟我是言行一致及诚实守信理念的坚定倡导者。

如果想获得别人的指导，我建议你提前准备好以下3个问题的答案，并将他们牢记于心。哪怕是你刚刚参加完某个聚会，或者是在凌晨 4 点钟的半睡半醒中，又或者是在卿卿我我的浪漫时刻，你都能顺口说出你的答案：

——导师如何从你的存在中获益？

——你能为导师解决什么问题？

——其他人如何从你的存在中获益？

为了说明白我的意思，我想和大家分享贾斯汀的故事。

好几周以前，我们收到了贾斯汀的应聘材料，他希望担任公司的摄影师。应征者太多，我们也无法给每个人机会，所以就礼貌地拒绝了他。毕竟我们也无从知道他对公司是否有价值，但故事还没有结束。

几个星期后的一天，我住进了汉堡的一家酒店。这时我接到了前台打来的电话："贝克先生，前台有您的包裹。"这种情况很常见，我几乎每周都会收到有创意的应聘者寄来的包裹。然而，贾斯汀却一直在等一个特别有利的时刻：他肯定是看到我在社交媒体上分享的正在房间里放松的更新之后，才把包裹交给了工作人员。包裹里的东西真是让我吃惊到说不出话来。连续几周贾斯汀一直在查看我的信息，并将其进行了颇有创意的制作和编辑。"请随便调用，"随包裹附注的便条上这样写道，"你百分之百拥有所有权。"正如你所料，我们第二天就联系了他，并在公司里给他安排了职位。

做好准备，选择合适的时机，处理问题而不期望任何回报——这就是成功的秘诀。展示你的价值，展示你的价值，再一次展示你的价值！如果你成功地做到了这一点，一定会有人很乐意邀请你与他同行。

## 平衡人际关系账簿

平衡原则在银行领域是不言自明的，但在人际关系领域却很难把握。对我而言，一段感情就像一个银行账户。"这一点也不浪漫，托比。"你可能会说。我知道，但我这样做自有我的道理，请给我一个解释的机会。

就像普通的银行账户一样，如果你没有存入，就不能从"人际关系账户"中取款。这个逻辑没有问题吧？人际关系纷繁复杂，在某一段时间里你当然可以背离这个准则。然而，就像普通银行账户一样，你总有需要偿还的时候。我不知道你是否喜欢陷入债务并总是最大限度地透支，但是请记住"免费"从来都不是真正的免费：银行最终会找上门来，利滚利也是常有的事。

如何将这一理念应用到人际关系中呢？如果我们总是取多存少，一旦耗尽了人际关系，账户被取消也不足为怪。

当然，在人生的某些阶段我们从共享账户中取出的钱多于存入的钱——这是生活中常见的起起落落。但如果你总是不能保持收支平衡，等到人际关系恶化的时候，应该也不会感到惊讶吧。更重要的是，我不仅仅是在谈论浪漫的人际关系：所有的人际关系都需要这种不断变化的平衡，任何一方都可以从中退出，也都可以持续存入。它适用于商业关系，也适用于朋友和家人之间。

在日常生活中，很多人际关系中出现的问题通常都不难理解。翻看一下双方的人际关系账簿，无一不隐含着在加加减减之中导致不平衡的故事。一方给得多取得少，另一方取得多给得少，从而形成一个不健康的体系，从长远来看就不可能具备可持续性。现在，请你想一想你与生命中重要的人所分享的账户是否平衡。你甚至可以直接问一问他们的感受，确保你已经还清了所有的债务。

不管你是使用"爱的五种语言"（我们将在本书的稍后部分讨论），还是使用其他的方法来实现这一点，最重要的是大家都同意，人际关系健康是底线。为此，沟通至关重要。如果你认为自己可能索取太多，不妨问一问朋友的感受；如果你觉得自己付出的比得到的多，你也应该尽快和朋友谈一谈。有时，写信能更好地表达你的想法。很重要的一点是，请不要带着责备去交流，而要把讨论的重点放在你对这种不平衡关系的感受上。

之所以要这样，是因为在这个世界上，没有人能真正地读懂你的心。在处理人际关系的时候，你必须清晰地表达出你的所知所感，将你的感受以及你想成为什么样的人说清楚讲明白。这是开启没有责备对话的唯一方法，也为别人作出改变提供了机会。每个人都有很多关系账户，有时候难免取多存少，我们也希望朋友们能温柔地提醒我们注意。对于共同账户，人际关系的双方都有责任。

你透支了哪些人际关系账户？哪些账户又让你觉得付出得过多呢？

## 社交准则

大多数商业和个人关系的破裂都是因为期望没有得到满足所导致的，这让人陷入沮丧的状态。你知道这种感觉：你的脑子里总是在想，熟悉的人应该有更好的反应才对，进而你认为自己是罪有应得。一般情况下，我们只是感到失望和烦恼，但通常不会直接说出自己的真实感受。如何避免这种情况呢？在我看来，快乐而持久的人际关系的秘密在于形成一种共同定义的社交准则，或者更直白地说，就是规则。当一方超出交往边界的时候，双方的关系就需要准则来约束。18岁那年，我参加伍珀塔尔消防队的第一天就学会了一条重要的规则：

## "永远不让自己的同伴失望。"

这句话是什么意思？当我和同伴一起冲进着火的房子的时候，我们要同生死，共进退。消防队不仅仅是为了完成英勇的任务和拉响警报，它的核心是荣誉。许多机构把荣誉当作一种促进行为一致、避免过度协商的工具，军队和民防力量就是显而易见的例子。但这一整套社交准则只有在得到团体所有成员支持的情况下才会奏效，无视这套准则将会带来相应的后果。当年我在消防队的时候，曾因在气氛紧张的时候说了一些愚蠢的话，而被要求用牙刷刷洗消防车。那次惩罚发生在寒冷的冬季，我需要全程在室外完成任务。有些时候，惩罚很有必要！

自那以后，我成了建立共享规则的积极倡导者。我所在的团队成员之间亲如家人，我们拥有自己的社交准则。每当有新成员加入，他（她）要做的第一件事就是熟悉团队的社交准则以及违反准则的后果。对于分散化、虚拟化的公司来说，惩罚员工用牙刷洗地是不合适的，为此我们选择将参与社会工作作为惩戒的办法。无论是选择为幼儿园烤蛋糕，还是选择到养老院去唱圣诞颂歌，从实习生到公司老板，每个人都要严格遵守这套准则。否则，这套准则就失去了意义。一旦你想要打破规则，就说明你没有把准则放在最重要的位置上。

我们一起制定了如下的价值观：

## 守时

没有什么比偷走别人最宝贵的资源——时间——更不礼貌的行为了。这就是为什么我们总是要求每个团队成员至少要在会议开始前 10 分钟到达会议室。

## 活在当下

在智能手机时代，大家总是很容易忽视身边的人。这就是为什么我们规定开会和就餐的时候，任何人都不允许看手机。我们需要把注意力完全集中在与我们交谈的人身上。

## 尊重

我们的团队非常多元，正是因为大家的差异才让我们的合作如此融洽。这要求我们即使不同意别人的观点也要表现出尊重的态度。

## 有话直说

你应该已经意识到我不是个喜欢浪费时间的人，请记住"有话直说"。无休止的讨价还价，无助于问题的解决，反而破坏了气氛。

## 百分之百投入

不管处理哪个项目，都要全力以赴，否则就干脆不做。这为我的私人生活提供了一个理想的过渡，我和妻子丽塔也因此共享同一套准则，一套对我们来说比任何文件或合同都重要的准则。想象一下，在你所乘坐的飞机即将起飞的时候，机长的声音通过扩音器传过来。"女士们，先生们。今天我们要做一项实验。我们将只使用飞机发动机99%的力量，借此看一看会有什么样的后果。"听到这里你会怎么做？是不是要求马上下机？我也一样！

同样的道理，如果你不能全身心地经营与别人的关系，别人也只好中断与你的联系。我认识很多夫妻，他们相互之间的感情渐行渐远，想必离分手也不远了，毕竟没有人想要一个开车不用"手刹"的司机。更重要的是，这样做毫无意义，因为全身心地投入远比只投入99%更轻松。

不相信我所说的吗？不妨通过坐沙发来实验一番：不要完全坐在沙发上，臀部离开沙发表面大约 0.5 厘米。只投入 99% 将非常痛苦，对不对？

# 社交媒体关系

愿你的生活像你在社交媒体上展现的一样精彩。

你今天活得好吗？我的意思是：今天你在你的社交媒体上过得怎么样？

有时候我在想，如果我没有这些社交媒体会怎么样？如果我每天不上传照片，会发生什么？如果真是那样的话，我觉得自己只有一半的生活——或者说每天只活了一次，而不是像以前那样在同一天里活了两次。因为我们在社交媒体上的生活与在真实世界中的生活完全不同：那是藏在过滤器、软焦点、完美的植物和机智的隽语背后的生活。

亲爱的朋友们，如果我们不能严肃地对待这种情况的话，我们（当然还有我们的后代）将会彻底忘记如何在现实世界中建立起真实、健康的人际关系！

如今，人们之间的交流过于依赖社交网络和信息服务了。事实上，就连我们对伴侣的选择也越来越多地发生在网络上，这种趋势势不可当。一个女生有博士学位但鼻子很大，另一个女生是金发美女却只有高中文凭，还是一个女生有博士学位，金发披肩但却全身都有文身……我已经好多年没有约会了，但在我看来，这样挑选伴侣和从《邮购指南》中选择商品有什么区别？当然，这种服务不能14天内无条件退换货。但是亲爱的读者们，在这件事情上还是多花一点时间吧。我们才刚刚窥探到一个以社交网络为中心的世界可能的模样。

有这么多"完美"的人可供选择，真是前所未见。在这个地球上，无论对方身在何处，只需几秒钟我们就可以和他（她）建立联系。然而，友谊需要时间的磨砺；我们必须在与他人的互动中探索它的意义。这关乎信任，关乎共同的价值观，也关乎连接彼此的神奇时刻。这种关系一旦建立便会持续一生。

相比之下，在社交网络上，建立和取消友谊都只需要轻轻地点击一下即可。我们对友谊的理解被完全不同的观点遮蔽；而这两种理解泾渭分明，截然不同。一直以来，"点赞"成了一种虚拟的拥抱。2016年，加州大学的研究人员在一项关于社交媒体的研究中发现，"点赞"能够激活人类大脑中的奖励机制。在向受试者展示他们喜爱的照片的同时，科学家对他们进行了核磁共振扫描。研究发现，受试者大脑中的相同区域被激活，这和人们在吃巧克力或从事其他让人快乐的活动中所呈现的反应一样。这难道不让你感觉到不安吗？

当看到我们的帖子被人点赞时，让人开心的信号物质就会从大脑的边缘系统，也就是从大脑的奖励中心中释放出来。人的大脑倾向处于快乐状态，这会让我们有规律地重复这些行为。这项研究表明，对社交媒体行为的积极反应可能会导致上瘾。对人类来说，被关注和被认可的感觉是如此美妙，以至于我们一再地渴望得到。更重要的是，这种形式的快乐体验能够很容易地得到满足，尤其是当人在情绪低落的时候。随时随地的自拍，使用滤镜软件，如此一来，大量的数字多巴胺就不会离我们太遥远。

许多人早上一睁开眼睛就在床上查看电子邮件，查看所获得的"点赞"，以及朋友们的状态更新。讽刺的是，我们通过这种方式与他人建立联系。我们都知道，同样的动作重复久了，就会被大脑视为正常。

要知道，在这种交往中人与环境的接触是一维的，这让我们错过了很多。更关键的是，它剥夺我们在现实生活中与屏幕后面的人进行接触的机会：这个人在真实生活中的模样，而不是滤镜软件处理后对某种完美形象的暗示。我们在网络社交工具上结交的一些人，在大街上碰了面很可能都互不相识。曾经只有好莱坞明星才拥有的照片编辑工具，现在任何一个人只需按一下按钮就能下载到。

"请远离这种虚假的生活。"综合这一切，你还会因为人们不再具备建立和维持现实生活中真实人际关系的能力而吃惊吗？

此外，如何让我们的孩子认识到虚拟的生活并不是现实生活呢？你可能会说，依靠过往的经验。但是，依靠什么经验呢？即便是我们成年人，有时也很难看清表象背后的真实情况，并时刻记得社交媒体上的一切绝非事实和真相。最终，我们每个人都为假装过着完美的生活而内疚；也为把真实的世界和一个根本不存在的虚幻世界进行比较而后悔。情况相当棘手，不是吗？

这其实一点也不复杂。因为我们从逻辑上完全理解上述的所有情况。另一方面，我们真的对自己有信心吗？即便如此，我们不也经常会下意识地觉得别人不是使用了滤镜软件，而是真的过得很好吗？我们不是也经常觉得别人的生活很完美，而我们自己却达不到是一种遗憾吗？

请不要误解我的意思：我并不是说社交媒体不是好的社交工具。正是因为有了这些工具，我才能够接触到那些我根本就不认识的人。它使我的团队能够很容易地安排各行各业的人来参加 Bewohnerfrei

（我开发的一个项目，旨在帮助那些胸怀大志的人摆脱生活中消耗精力的"吸血鬼"）的活动，从而把想法相同、生活理念相似、对追求成功有相同动力的人聚集在一起。我们利用社交媒体将人们聚拢到一起，共同庆祝在屏幕背后所发生的一切。

我们永远都不应该失去审视自己的能力——个人简介背后的我们到底是谁？不用滤镜软件之后还剩下什么？让我们成为人类的到底是什么？到底是什么将我们与别人联系在一起？比图片编辑工具Photoshop更令人敬畏的到底是什么？人的价值不能仅用获得了多少个"点赞"来衡量。


## 停止与人攀比


最重要的是需要记住：别人生活中的美好并不会减少你自己生活中的美好。首先，你永远不知道他人生活的背后到底是什么。过去的经验告诉我们，山这边的小草不如山那边的绿，这完全是因为山的那一边经常下雨。

与你周围的人重新建立起良好的人际关系，抽出一点时间问一问他们最近过得怎么样。不妨在他们回答"很好"之后，再问一次。经常问候，经常关心，问得多了对方就会知道你不是在做礼节性的闲聊。接下来是最困难的部分：倾听对方的真实想法。剧透：我也是费了九牛二虎之力才学会其中的技巧！

我们完全可以控制自己在社交媒体上的每一次发布和推送。什么时间、什么地点这完全由你自己决定。总之一句话，适合你自己就好。不便回答的信息，不需要立即回复——短信或语音留言——可以等到有空的时候再回复。这允许我们以自己的节奏安排一天的活动，当然这也有其不足之处。为什么这么说？

在和别人进行直接互动的时候，及时回应和具有同理心是最基本的要求。这种回应是即时发生的，容不得人去慢慢思考。在与真人直接互动的过程中，我们会训练自己理解对方面部表情和肢体语言的能力。因此，我们接收到和反馈的信息远比任何消息服务都多。

有了智能手机，人和人比以往任何时候都更加紧密地联系在一起，同时也更孤独。因为真正把人联系在一起的是共同的情感和共同经历的时光，而不是每天早上例行公事般地查看新的点赞。在人生的弥留之际，当我们回顾自己的一生的时候，那些共同的情感和经历才是唯一真正拥有的东西。我从来没有听说过哪个将死之人还希望能发送更多的 WhatsApp[1] 或编辑更多的自拍照片。

相比之下，我们中的许多人在临终的时候会后悔没有花更多的时间与自己所爱的人一起度过。共同的美好时光无法靠智能手机来

---

[1] 译者注：国外的即时通信工具之一，其功能类似于中国的微信。

收集，而是需要我们亲身去体验。一起背包旅行穿越喜马拉雅山脉、在花园里烧烤或在阳台上喝一杯美酒……这才是你们人生中共同的美好时光。

是否有一些你认为很特别的人，但你却只是通过评论和点赞与他们交流？是否有一些人，你渴望与他们留下共同的回忆，却不知为何总是抽不出时间？记下他们的名字，今天就给他们打电话！让我们重新发现实时沟通的艺术和技巧，重新追回那些被浪费的时光。

## 新客户与老客户

我经常听到这样的抱怨，"对方把我给甩了，其实我什么也没做！"听到这里我会想："是的，这就是你的答案！"如果你已经和自己的梦中情人相爱并结了婚，千万不要在过了蜜月期就变懒，更不能不作出任何的改变。

我曾在迪士尼工作过，我不认为迪士尼的电影给观众提供了一种关于爱情的不切实际的幻想。更确切地说，每一部迪士尼电影的结束意味着电影里那些精彩炫目的美好时光即将结束。王子和公主终于找到了对方，他们被大脑中的荷尔蒙和腹中的鸡尾酒弄得晕头转向，只知道对着镜头疯狂地傻笑。"剧终"（End）一词赫然出现在屏幕上。

作为一个具有批判性思维的观众，你可能会问，"什么结束了？"你问得对。根本就没有结束，朋友们。相反，这是他们相爱的开始。夫妻双方如果不能密切关注彼此关系所处的状态；如果他们不能像电影中的幸福夫妻一样，很有可能，婚礼真的是"他们一生中最幸福的一天"。从那一天开始，他们之间的一切都会急转直下，直到卧室成了大声尖叫的比赛现场。这对夫妻的幸福就到此为止了吧！

随着时间的推移，让我们在一段关系开始时飘飘欲仙的快乐荷尔蒙会逐渐减少。在一定程度上，我们不会再透过玫瑰色的眼镜来看待我们的另一半。这也许是件好事，因为如果不这样做，我们很快就会把别人逼疯。但是二人之间关系进展如何完全取决于我们自己：是听任自己躺在床上吃饼干，弄得满床都是饼干屑，还是寻求新的刺激点，进而努力保持这段关系的活力？下一章中我们将讨论如何与自己的伴侣保持幸福荷尔蒙的流动。我们无法改变既定的自然进程，但我们有能力决定是否接受这个进程的存在。

在实践中，这类似于一个公司赢得客户后在业务行为上的变化。回想一下你曾经签订过的手机或网络服务合同。几十年前，我在电信销售领域取得过辉煌的成绩，因而我非常清楚整件事情的来龙去脉。

只要你的签名还没有最终落在服务合同的那条虚线上，销售人员哪怕是承诺把地球送给你也在所不惜：音乐下载免费，赠送亲情卡，外加赠送原装智能手机套——真正的神户牛皮皮革制成。"这听起来怎么样？"如果你还犹豫不决的话，还可以赠送一套多功能厨房用具、一台割草机，外加一张足底按摩优惠券。

最后，在诸多额外赠品的诱惑下，你心怀疑惑地签下了自己的名字。3周后，你遇到了网络问题。你打电话给客服人员，但这次情况完全不同了。完全不像销售代表签约时的表现，接电话这个人似乎相当地烦躁不安。他们对解决你的问题非常不感兴趣，更不愿补偿由此给你带来的损失。只要你在合同上签了自己的名字，你就已经变成了老顾客：免费礼物变少了，烦人的网络自动语音排队往往要让你等上几个小时。你的电话一会儿被转到这里，一会儿又被推迟。你又坚持了好几天，总希望开局时如此美好的事情不会以如此灾难般的结局告终。你是否也有过这样的经历？希望这种事情仅仅来自你的通信服务提供商，而不是来自某段人际关系。

## 不要为人际关系设置"等候模式"！

这不仅适用于恋人，多年的朋友、兄弟姐妹及商业伙伴都可能因为这种不能立即满足的等待模式而处于紧张状态。不要以为彼此之间的一切都是理所当然的，也不要相信一句善意的"请不要挂断"就能让对方开心。你最近一次在排队的时候发现自己明显变得苍老是什么时候？

　　尤其是当你试图将自己与某人的关系切换到"老客户模式"时，请你记住这种感受。下面这样的场景想必大家都熟悉：回家的路上在加油站顺便买了一束生日鲜花（毕竟谁也不喜欢汽车尾气的味道），或者在商场的打折区买了一双袜子和一盒6条装的平角裤。

　　"但是托比，"你可能会说，"在一段感情中日复一日地挣扎……你自己也说过，哪里还有什么荷尔蒙呢？"是的，每天的挣扎和荷尔蒙的波动也是丽塔和我所经历过的事，但我们拒绝让这些来定义我们的关系。至少卧室里的饼干屑是完全可以避免的。早点清醒起来，控制好自己的行为！

　　即便是你们的关系早已经被深深地埋藏在"老客户"的文件袋中，也依然可以再次将其提取出来。绝望的情景虽然并非千篇一律，但总可以被分为两大类：要么是双方都懒得读这本书，要么是绝望就是你生活中的现实。如果是第二种情况，你应该已经从"感念与再见"这一章中习得了和对方说再见的方法。

　　你问我和丽塔是怎么做到的？在接下来的几页中，我搜集了一些非常有效的建议。这些建议大部分我都亲自测试过，专门用来解决如何避免"老客户模式"所导致的松懈。请你一定要记住：一个人既可以选择永远地待在你的"人生巴士"上，也可以选择在下一站就下车离去。

## 保持"新客户模式"的方法

### 伴侣永远最重要

日复一日的生活折磨、衰退的荷尔蒙、职场压力、孩子、生病的父母、狗、猫、脏盘子……我们的生活狂野而丰富，总有一些人或事在抢夺我们的注意力。有时候，我们忽视了有效地划分事情优先级的重要性，只是盲目地完成了一些偷偷摸摸地排到了任务清单前面的事情。

在这一切当中，我们最常忘记的事情莫过于，没有把我们的伴侣放到最重要的位置上。他（她）是我们人生风雨中的磐石，没有他（她），其他一切都失去了意义。一旦某事对你的伴侣十分重要，或者他（她）需要你的帮助，又或者如果你注意到他（她）在你的优先级列表里下滑得太远了，最重要的事情是尽快让他（她）回到最优先的位置上来。你可以推迟约会，晚一点洗碗（相信我，它们不会跑掉），更健康的做法是首先与他（她）分享那些重要的时刻——那些你向对方表达你的欣赏的时刻，如果不是特别留意的话，这些时刻很可能就会被错过。

### 我爱的是你本来的样子

不要试图改变你的伴侣，相反，要记住那些让你们相爱的性格特征、癖好和行为举止。关注对方身上那些可爱的特质，告诉对方你有多爱他（她）。当人们在某些方面得到赞扬和认可，他们就愿意继续坚持做下去，而不需要别人的勉强。在孩子身上我们十分强调这一点，那么为什么不施于自己的伴侣呢？

### 表现得像刚开始恋爱一样

一段浪漫关系刚刚开始的时候，我们总是试图用各种隐喻性的物件来引导我们的伴侣。那个时候的我们有着无穷无尽的创造力，有时简直浪漫得无可救药。尽管常常提笔忘字，但这并不能阻挡我们在便利贴上写下热情洋溢的留言；哪怕是忍受着腰椎间盘突出的痛苦也要为心爱的人采一朵鲜花；牛排要五分熟也没关系，尽管我们实际上是素食主义者；为了在繁星点点的夜空下露营，我们一边咧着嘴傻傻地笑，一边还要忍受着花粉过敏的煎熬。多么美好的时光啊！

这些记忆都是感情纽带的金矿。分享你们在相爱之初所经历的件件往事，能将爱的魔法重新带回你的生活！

事实上，一个人不可能在 1 月到 6 月里每天刷 5 次牙，而从 7 月到 12 月却一次牙也不刷。如果真是这样做，那他最后肯定会落得一颗牙也不剩。同样，人和人的关系也绝非静止不变，他们需要保持持续爱的姿态，需要生活的各种仪式，需要频繁分享某些时刻，更需要持久的相互欣赏。

## 各种仪式

### 不要逃避作出承诺

这一条准则听起来可能很奇怪，但我依然请你坐下来，写下属于你们自己的感情社交准则。丽塔和我就有这样的社交准则。在此我不想透露太多的细节，其中有一件事我需要强调：你的卧室里不应该有智能手机、平板电脑、电视和游戏机的位置，你们才是卧室里真正的主角。

### 飞往显示牌上排第四的城市

丽塔和我喜欢为生活创造各种仪式。每年我们都要收拾行囊，出去度过一个只属于我们两个人的周末。身为环球旅行者，我们不会预先选择出行的目的地：我们开车去往法兰克福机场，走到显示屏前，查看接下来 3 个小时的航班，然后选择搭乘显示屏上排在第四位的那个航班。

有的时候我们会很幸运。比如，几年前，经过了长达 13 个小时的飞行之后，我们乘坐的飞机降落在吉隆坡机场。那里阳光明媚，树荫下的温度也有 35 摄氏度。有时候却没有那么幸运。接下来的那一年，我们在大雨中跌跌撞撞地走下飞机，禁不住想知道到底是什么因果报应导致了这样的结局。时值一年中的 11 月，你需要非常爱你的伴侣，才能和她一起在混凝土的丛林中度过漫长的 3 天时间。我们的确深爱着对方，为了这一个又一个的故事，一切经历都十分值得。

### "一切皆有可能"的星期二

我喜欢这一天，你也可以把它安排在周三或一周之中的任何一天。或者，你可以设定一个日子，让你们中的一个人决定家里的（几乎）所有事情。由这个人决定吃什么和谁负责做饭：是盘腿坐在壁炉前喝南瓜汤、吃面包，还是点外卖汉堡，或者是穿上晚礼服，扎上黑领结，慢慢享用烛光下的松露薯条。这个人可以决定用完晚餐之后是去看歌剧，还是哪里也不去就窝在沙发上看电视。如果选择后者，他（她）还需要决定是一起看《茜茜公主》三部曲还是看《冰河世纪 4》。总之选择无极限！

**每件事都和伴侣一起庆祝**

这是我最喜欢的仪式。但凡取得了任何一点令我自豪的成就，我的第一反应就是告诉丽塔并与她分享我的喜悦。当然，我也和团队、朋友们一起庆祝，但是丽塔是带给我成功的重要原因。说到底，我取得的所有成功都有她的功劳，反之亦然。我和她同甘共苦，没有她就不会有我今天的成就。如果说有什么事情是我想要提醒你的，那就是永远不要忽视伴侣在你成功中所奉献的力量。夫妻双方相互感激对方才是最值得庆祝的事情。

**共同愿景板**

丽塔和我每年都会重新创建我们接下来一年的共同愿景板，这是我们关系中另一项非常重要的仪式。我们想要什么？我们的共同目标是什么？为了确保不会在"我们"中迷失自我，每个人是否也设定了自己的目标？我们想为孩子们做些什么？

我们通过书写、绘画、从杂志上剪图片、做拼贴画等各种方式来激励自己为来年制订具体可行的目标。如果实现了其中的一个小目标，就可以适当地庆祝一下。有时，在创建愿景板的时候，我们同时会考虑如何庆祝和去哪里庆祝。这并不是说要以一种死板的、规定性的方式去执行愿景板上的所有事情；相反，这样做是要使一切变得更有创造力。想清楚你要什么，并把你的梦想变得一目了然，这样才不会浅尝辄止半途而废。一旦将这些愿望写在纸上了，实现它们就不再是一个很漫长的过程。从去年12月份开始，澳大利亚大溪地的波拉波拉岛就成为我们愿景板上的一部分，这也是今年4月我们飞到那里去旅游的原因。

剪出来，粘上它，开始动手制作你们的共同愿景板吧。

## 袒露你的情绪

### 展现脆弱

你表现得越不堪一击，你的人际关系就会越好。没必要总是表现得很坚强；事实上，正是你的弱点才让你显得独特而可爱。让你的伴侣参与那些可能会让你受伤害或让你倍感压力的事情。这样会使你们之间更加信任、亲密并能加深相互之间的了解。要是你工作太忙很难找到合适的时间来完成这件事，那就不妨定期抽时间放松一下，并趁机和你的伴侣谈论你所关心或担忧的事情。你们的关系一定要为这种感觉留出空间，否则其他的事情做得再多也是枉然。

## 说"对不起"

人人都会犯错误。每个人都有喜怒无常、不可理喻的时候。毕竟大家都是人，只要我们能真诚地道歉，并且也没有故意伤害对方的念头，那么这就不应该是导致分开的原因。相反，它应该让我们变得更加亲密。谈一谈你自己和你的感受。学会道歉，承认自己的所作所为，不要相互指责，也不要推卸责任。

## 原谅和忘记让爱流动

接受道歉，学会原谅。宽恕是一种美妙的姿态，受益的主要还是宽恕者自己。如果你接受了善意的道歉，却继续沉湎于过去，那么那些已经过去的事情就会在你们的关系中扮演着本不该拥有的破坏性力量。

### 感谢你的伴侣愿意与你共度一生

永远不要忘记：每天，每个人都有新的机会去选择想要与其共度一生的人。如果你的伴侣愿意和你共享他（她）宝贵的人生旅程，这绝对是一份最棒的礼物。感谢他（她）与你一路同行！

### 了解你伴侣的过往

谈论过去能为共同的未来奠定基础。当然，更重要的是要知道你和你的伴侣现在是谁；了解那些让你们相亲相爱的经历、冒险和危机也很重要。相互分享这些信息。只有这样，你们才能真正地理解对方并且明白你所爱之人的与众不同。

### 自我反省

#### 你想要什么

要清楚地知道你想从伴侣关系中得到什么？哪些可以商量，哪些不能商量？你想要孩子吗？职业生涯对你有多重要？你想住在哪里？你想和家人保持紧密的联系吗？最好是在你们的关系刚刚起步的时候，就尝试着以夫妻的身份开诚布公地谈论一下你们各自的想法和愿景。事后重新谈判往往行不通。

## 放手

无私地给予你的伴侣自由和呼吸的空间并不总是一件容易做到的事。对那些有过被抛弃经历的人来说，就尤其困难：可能是在童年时被父母遗弃，也可能是被以前的伴侣抛弃，也有可能是被另一个关系亲密的人抛弃。离别是人生至苦之一，许多人需要学习如何在下一段关系中重新建立信任并获得安全感。

事实上，将自己的伴侣抓得太紧很可能更容易导致对方的离开，这就是所谓的事与愿违。当我们企图限制一个人，不给对方所需要的空间，他（她）往往会以武力的方式夺取自由。任何压力总会产生反作用力。给你的伴侣自由——只有这样，他（她）才会自愿回到你的身边。反复这样做，你才知道此言不假。这需要付出巨大的努力并拥有相当的自律。与伴侣分享你的内心感受。如果他（她）能理解你的不安的话，就能更好地理解你所作出的反应。

## 我需要你

你到底是爱你的伴侣，还是只需要他（她）？要记住：依赖不是爱。这句话非常重要，但许多人仍然将这二者混为一谈。

请不要误解我的意思：在伴侣关系中，一定程度的情感依赖是完全正常的，也有助于相互之间关系的稳定。但如果你觉得没有他（她）的爱你就活不下去，为了不被抛弃你宁愿牺牲自己的一切，那么事情就变得不那么健康了。如果你们在一起只是为了避免孤独，只是为了满足社会规范或者是为了维持一定的财务状况，那么你就应该重新考虑一下你们之间的关系。如果他（她）说"不和你在一起，我还能和谁在一起呢"之类的话，你也该好好考虑考虑你们的关系。

这一章里所说的哪些内容你过去曾经想到过？你的人际关系中是否也有一些仪式，可以防止你们的关系滑落到"老客户"的境地？

# 直到永远

几年前，有人请我到一艘邮轮上去担任婚礼致辞人。以下是我为新娘和新郎准备的祝词：

也许上帝安排我们在遇见那个合适的人之前总要遇到一些错误的人，所以当我们终于遇见了那个合适自己的人的时候，会格外的心存感激。

爱从微笑开始，在亲吻中成长，以婚礼来封缄，这样的传统四海皆通，恒久不变。

在今天和未来的日子里，每个人的目光都将聚焦在你们身上；每个人都祝福你们真爱永远和幸福永远。但美好的愿望只是生活这个谜语的一部分。真爱需要付出，付出，再付出！

交往了这么久，你们应该已经了解彼此的种种癖好，但是如果你们真的能"无条件地"接受它们，那就没有什么好担心的了。如果在未来，你们的生活中乌云滚滚，那么我希望你们回想一下此时此刻的幸福。

请记住这个美丽的地方，记住你爱人的脸庞，以及环绕在你们周围所有这些相信你们之间真爱的亲朋好友。他们远道而来为你们送来祝福。

爱意味着一整天都待在院子里，也不用说一句话，但当你起身离开的时候，你会觉得这是你和你的爱人最完美的一次交谈。

本能的理解和彻底的信任是珍贵的礼物，他们无法用语言来表达。每一天，年轻的采珠人日夜不停歇地在南方的大海里潜水，寻找他们祖辈们时常谈论的珍贵宝藏。你现在拥在怀里的就是这样一件绝世珍宝。

的确，只有在失去的时候才会珍惜曾经的拥有。同样，只有当我们求得所愿的时候才明白曾经失去的是什么。付出了真情并不一定能收获真爱，不要把爱当作一种交易；请给它时间，让它在你爱人的心中成长。

不要追求美丽的外表，那会蒙蔽你的双眼；

不必刻意寻求财富，毕竟所有的金钱都是过眼云烟；

去寻找那些能让你微笑的人，因为一个微笑足以照亮黑暗的天空。你们是如此幸运，找到了那个给你带来幸福的人。

有时候，我们因为太想念，真希望能把他（她）从我们的梦中拉出来，只是为了能和他（她）拥抱。

一起去追寻你们共同的梦想；

一起踏上你们想要抵达的每一个地方；

做你想做的人，因为每个人都只能活这一生，因为每个人只有一次机会去实现自己的梦想。

请永远也不要忘记：你们之间的关系不是带妆彩排。

结婚并不能保证让你进入一个幸福的天地，但婚姻真的能让你学到很多。

一起成长，成为彼此的榜样。

我还想与你们分享一些更深入的想法：

愿你们幸福的婚姻能柔软彼此的心灵；

愿生活的挑战让你们变得更加坚强；

愿你们有足够的悲悯之心来保持人性的光辉；

愿你们有足够的希望并带给你们快乐。

要经常设身处地为对方着想。如果你觉得不舒服，很可能你爱的人也不舒服。

永远不要忘记那些曾经让你们微笑的细碎小事。最幸福的人也许并不总是拥有世间最好的东西，但他们会充分利用身边的一切。

你伴着哭声来到人世间时，周围的人都笑脸相迎。

你们要好好地生活，但愿当你微笑着离开这个世界的时候，周围的人都忍不住流下眼泪。

那些哭泣的人，那些受苦的人，那些寻找的人，那些活着的人，以及那些为之奋斗的人，都会得到幸福。

这样的人每天都努力做到最好，他们互相帮助。因为他们知道欣赏与自己相遇的人是多么重要。

今天就是你们的大日子。许多年前当你们刚出生的时候，父母对你们说："欢迎来到这个世界，小家伙！"现在，这个世界对爱有了新的表达：

我们全心全意，彼此拥有，直到永远。

## 爱的荷尔蒙

　　一段关系开始时的那种飘飘然的感觉，要归功于一种令人迷醉的荷尔蒙混合物：催产素、皮质醇、多巴胺和肾上腺素。加冰、摇匀、搅拌或者再加上橄榄——所有这些都与该状态下的大脑无关。大脑只知道它拥有各种各样的东西，而且各种组合恰到好处。

　　想到彩虹上去跳舞，想在11月份的细雨中召唤出阳光，我们只能感受到那些积极的氛围，这让身边的人完全接受不了。更要命的是，我们甚至根本就没有注意到别人的不快，因为烦恼不是一种积极的氛围，我们那荷尔蒙紊乱的大脑对任何其他事情都视而不见。但是坦率地说，对于那些爱尚不深，或情方萌动的情侣来说，这不啻一场噩梦！

在一段关系刚开始的时候，伴随我们的荷尔蒙的还有催产素，也被人称为"爱"或"拥抱"的荷尔蒙。它让彼此具有同理心，其作用是允许彼此走进对方，从而开始建立我们对彼此的爱。

从一开始，催产素就深刻地影响着伴侣关系中的联结性和信任感的生成。柏林自由大学的生物心理学家彼得·沃尔施伯格（Peter Walschburger）认为，在一段关系开始时，催产素的水平越高，恋爱关系的发展就越积极，关系持续的时间也就越长。

催产素在产后和哺乳期时起着重要的作用，此时产妇的体内就有大量的催产素。研究发现，催产素的作用不仅是生理上的，它还能在心理上促进母子之间的情感联系。还有什么感情能比母亲对孩子的爱更亲密？

人在情感交流的过程中，也会大量释放这种"拥抱荷尔蒙"，身体的热量在这个过程中发挥了作用。你是否曾努力控制自己不要去触碰你热恋的人？这其实不是你的错：是催产素在你的体内跳探戈。当恋人们依偎在一起，深情地凝视着彼此的眼睛的时候，他们的下丘脑会释放一系列"快乐分子"信号（要感谢脑垂体将海量的"快乐分子"运送到身体的各个角落）。

当我们坠入爱河的时候，总以为这种感觉能永远持续下去。但是在经历了第一次心碎之后，大多数人都聪明地意识到事实并非如此。即使那些不知道为什么会发生这种情况的人也知道，"永远"

总会比我们的预期结束得更早。

之所以会这样其内里自有原因，而且这些原因并不像"乱扔脏袜子"或"从中间挤牙膏"那么明显。不管我们愿意与否，一段恋情持续的时间越久，恋人体内的催产素水平就会越低。下丘脑放松下来，脑下垂体会将少量的催产素颗粒储存起来，以备兴奋的日子和假期的到来。

进而双方的关系变得不再稳定。我们开始对恋人撒谎，地上的袜子以前根本看不见，现在却能把人绊倒，曾经无关紧要的小事情，现在却让你倍感烦恼。真正残忍的是，这就是人类进化想要的结果。

大约需要 4 年时间，一段关系才会稳定下来，我们期待在安全和信任以及冒险和对未知的渴望之间找到平衡。与此同时，4 年后孩子已经向独立迈出了第一步，不再需要父母的持续照顾和关注。从生物进化的角度来看，这个 4 年时间的期限很容易获得解释：在历史上的大部分时间里，父母在最初几年的关心和照顾最能提高孩子的存活概率。经历了这个紧张的初始阶段之后，我们的荷尔蒙水平并没有完全恢复到初始状态，它创造快乐的效果也明显下降。到了第七年，大多数的浪漫伴侣都会得出以下结论：

除非是专业的离婚律师，否则他们已经不能再让对方心跳加速了。

对于这一点，你可能会说，"好吧，我离开这个伴侣，去找另一个人也只是遵循进化机制而已。"仅仅因为荷尔蒙作祟你就从头开始，这么做真的有意义吗？事实证明，当在一段长期的关系中获得不了满足时，我们需要的不是去寻找一个新的伴侣，而是需要找回最初让彼此相爱的幸福荷尔蒙。放弃自己的爱和曾经信任的人值得吗？

当然，如果你们共同的旅程真的结束了，那就没有必要再待在同一辆车上。但如果你们仍然沿着相同的道路前进，分享着相同的价值观，追求着相似的目标，那么你们就应该努力让催产素再次流动起来，甚至比以前更好地流动起来，而且从一开始就不让它变少。实际上做好这些并不难。

为了产生催产素，你们每次拥抱至少要持续 20 秒。你要尽可能多地拥抱你的伴侣和孩子、拥抱你的宠物，手拉手交流感情。重新学习一起欢笑、交流感受、赞美对方、回忆过去的美好并创造新的记忆、凝视对方的眼睛、给对方惊喜、凡事专注积极的一面、抽时间重温旧习惯并创造新仪式。请你继续阅读下面的章节，进而了解你的伴侣如何表达爱。

# 爱的五种语言

前一段时间，我读了美国牧师兼婚姻顾问加里·查普曼写的一本书，它给我留下了深刻的印象。就像我将在本书中详细介绍的关于各种动物的语言一样，他关于人际交往的思想中也包含了炼金术般神奇的元素。

我们可以通过许多种不同的方式来表达爱。因此如果爱你的人分明就在你的生活中，你却感受不到爱，也不要为此而吃惊。也许这些人正在用一种我们不理解的语言表达情感，毕竟每个人"说爱"的方式各不相同。

有的时候，我们会因为无从表达对关系亲密的人的爱而倍感沮丧，不知道该怎么做才能让对方知道他（她）的重要性。如果出现了这种情况，很可能是我们表达爱的语言出现了错位。请不要担心，阅读本章的内容将会帮助你改变这一切。

根据加里·查普曼的说法，这个世界上的爱有五种不同的语言。很少有夫妻使用同一种语言表达爱；也很少有夫妻使用同样的方式接受爱。这并不重要，重要的是如下两件事：

其一，你必须对自己所使用的语言有所认识。

其二，如果你想让他（她）感受到你的爱，你必须学会解码你所爱的人表达爱的语言。

## 肯定的话语

爱的第一种语言是肯定的话语。如果你经常说肯定对方的话，那么你也需要得到对方的肯定和表扬。听到别人的赞美，我们会心花怒放——无论是因为你灿烂的微笑，你对孩子们的爱，你的职业抱负，还是你打扫浴室时的高效和机智。我无从得知你的具体才能，但我知道真诚的赞美对你来说比其他任何东西都重要。

鼓励的话语是你前进的动力，能够唤醒你潜在的才能，也可以激励你以最好的状态去行动，它给你带来"有人爱我"的安全感。

如果你的伴侣总是肯定你的付出，你会怎样表达你的爱呢？

表扬。凡事关注积极的一面，指出你认为他（她）做得好的地方，每天至少一次。本项操作的"专业版"建议你每次都能发现对方不同的优点。如果你连开始都做不到，该怎么办呢？你可能应该考虑找另一个人去赞美。开个玩笑！你需要认真观察并仔细思考。用另一种语言表达爱需要大量的练习，所以不要羞于做出努力。

心无怨恨。这一条适用于所有的关系，尤其适用于那些一方或双方都使用肯定话语的伴侣关系。对他们来说，没有什么比刚刚发生的激烈争吵更让人痛苦了。下次你们再讨论某件事的时候，一定要小心自己的措辞。

小小的便利贴上写着"我爱你"！

这能创造奇迹。把他们藏在公文包、容器、香料盒……总之任何你的伴侣意想不到但是独自一人的时候又可以发现的地方（这适合那些不喜欢大惊小怪的人）。

午休时间给他（她）打电话，告诉对方你很期待见到他（她），或者在上班时间给他（她）发邮件，表达你的爱。

鼓励他（她）尝试做一些一直停留在他（她）的愿望清单上的事情，比如参加潜水或瑜伽教练培训课，或者繁育贵宾犬。


## 高质量的时间


爱的第二种语言是专属于你们两个人的时间，是专属于你们二人的共享时刻。许多人误以为这就是简单地与伴侣共享某一个空间。事实上，光坐在一起看报纸是不够的（当然，如果你将报纸上的文化副刊唱出来，用说唱的方式讲述体育比赛的结果，或者为天气预报写一首诗——假如这是你的爱好，我也不会打断你），或喝杯咖啡（或绿色奶昔）放松一下，然后又各做各的事，这样做是不算数的。不管你的早餐有多健康，你们的关系都需要补充"维生素 T"（Time）——高质量的时间的滋养。

作为一个聪明的人，你知道重要的不是你们在一起，而是给予对方心无旁骛的关注。参与彼此的生活，并及时反思最近的生活。关键是重新学习如何倾听，如何真正活在当下！

当你的伴侣使用"高质量的时间"表达爱的时候，享受共同的时光对你们夫妻来说就显得尤其重要。下面是实际操作的方法：

在你最喜欢的意大利餐馆共进烛光晚餐，或者傍晚一起到公园里去散步。一起参加陶艺课程，一起去剧院，或者去丽思卡尔顿酒店（the Ritz-Carlton）的水疗中心度周末，或者想办法来一次家庭水疗。

每周安排一次夫妻二人专享时光，在此期间不谈工作或孩子，只谈你们自己。

谈一谈你们各自的想法，谈一谈你想两个人一起重新开始做的事情。当不再谈论日常生活的琐事时，你可能会意识到你们二人之间能谈论的事情并不多。是时候作出改变了！

为伴侣准备意想不到的二人时光。比如说，随机安排一个长周
末，或者在出差期间给他（她）打电话。如果下雪了，可以提前从工
作单位接他（她）出来，带他（她）去玩雪，记得在车子里放一个
装有热红酒或水果潘趣酒的保温杯。这个时候喝才是真的美味！

## 礼物

爱的第三种语言是礼物。你可能会想，"那可太昂贵了！"没
必要昂贵。如果你使用礼物来表达你的爱，送小礼物和送迪奥（Dior）
的长礼服，从意义上讲并没有区别。关键是要富有想象力，要精心
挑选，要对你们的关系有意义。

比如说一瓶可以端上家庭餐桌的普罗旺斯小酒庄出产的红酒。
礼物不一定贵重——当然，它也可以很贵重。每周为你的伴侣送上
一辆不同款的保时捷911可能的确有些奢侈，但如果你想这样做，
我也不会拦住你（嘿，男人有的时候需要一辆车来搭配他的手表）。

对每个人来说，爱的语言不一定只有一种。例如，我对妻子丽
塔使用礼物和肯定的话语来表达爱。每次外出办事，我都会给她带
一个礼物，这能让我想起她。有时是买一本杂志或她最喜欢的巧克
力；有时是买一束她最喜欢的花。

如果你的伴侣是使用礼物来表达爱的人，送他（她）正好想要的礼物，比做别的事情效果更好。关于赠送礼物，我有几个小技巧：礼物要有想象力。通常情况下，小礼物也是好礼物：夏天买他（她）最喜欢的冰激凌，或者是晨跑后在路边摘一束花，诸如此类。

亲手制作也不错。一个你自己写的故事，一幅你画的画，一本分享回忆的相册，或者一件你上次度假时用贝壳做的纪念品。

在笔记本上写下你的想法，或者在手机上建立一个清单。总之哪里方便就记在哪里。

从朋友那里获得灵感。不需要凡事都自己想，没准儿你的伴侣曾向别人说起过什么愿望。

## 服务行为

爱的第四种语言是服务行为。如果这是你表达爱的方式，你会非常重视你的伴侣是否表现出了支持你的意愿。这种支持体现在日常生活中，如整理房间或早晨为你煮咖啡，或者为了支持你开启某项新的商业计划，包揽所有的家务，让你没有后顾之忧。

我使用肯定的话语和服务行为表达我的爱。一些小事就能让我感到高兴，比如，早上一起床就看到我最喜欢的杯子已经放在咖啡机前面等待煮好的咖啡了。结束了漫长的培训课程或研讨会回到家，我最喜欢的晚饭（拉脱维亚煎饼）已经摆在餐桌上了，第二天要穿的衬衫也已经熨好，我什么都不用担心只需和我心爱的人待在一起就好了。如果你的伴侣也通过服务行为表达爱，你会怎么做呢？

完成一些通常是你的伴侣不得不自己做的事情，每周一次。星期天去拿羊角面包，去干洗店拿衬衫，扔垃圾，在他（她）不方便或者需要去看牙医的时候替他（她）遛狗（它可比最忠诚的伴侣更忠诚）。你的任何付出都会得到对方的感激。

把你的伴侣要求你做的所有事情列一个清单。如果他（她）正是使用服务行为表达爱的人，而你却没能掌握这种语言，你们的生活肯定会产生一些问题。不妨从一个已经关心很久的事情开始做起：如给汽车安装冬季防滑轮胎、翻新浴室，甚至是翻新整栋房子，做什么完全取决于你有多少时间。

开诚布公地询问你的伴侣如何才能更好地支持他（她）。即使你能自己想出一些点子，直接询问是学会"服务行为"这种爱的语言最有效、最成功的方法。

## 身体接触

爱的第五种语言是身体接触。如果这正是你的语言，你可能已经对自己有所了解了。如果你的伴侣只是离开一个晚上，你可以在第二天通过亲吻、拥抱等方式来保持几个小时的清醒。你需要身体上的亲密接触，每一个拥抱都能给你带来力量。卧室里的温度可能是 45 摄氏度（你的伴侣可能正说着想要一杯冰饮料和一条冰丝法兰绒毛毯），但你仍然想相互依偎着入睡。即便打针之后手臂上留有创口也无所谓，你只是想从梦中醒来的时候有人拥抱。

你可能需要多种方式表达爱。即使周围有外人，你仍然喜欢你的伴侣把手放在你的肩膀上，或者充满爱意地抚摸你的脸颊。对你来说，爱的触摸意味着"我们属于彼此"。

如果你的伴侣使用肢体语言来表达爱，你会怎么做才能让他（她）感受到你的爱？

总是在说"再见"和打招呼的时候表达爱：一个吻，一个拥抱，最好两者都要。比起那些使用其他语言表达爱的人来说，一个心不在焉的"嘿"或"再见"可能更让对方受伤。

在城市里散步，周日逛公园或在剧院吃完晚餐之后，重新练习在公开场合手牵手。

从他（她）身边走过的时候，给他（她）一个温柔的吻（当然，温柔的程度由你决定）。

给他（她）按摩，吓他（她）一大跳，为此你甚至可以专门去学习按摩技巧。

每周固定安排一个晚上，你们二人依偎在一起看看电影或者聊聊天。

你表达爱的自然语言是什么？通过与伴侣的交谈，发现对你们二人都重要的事情。请记住：不仅仅是你的伴侣，你的父母、朋友和孩子也会在与你的关系中使用某种语言表达他们的爱。父亲可能喜欢和你一起打高尔夫球（这样就可以和你一起享受高质量时光），而你的母亲可能更喜欢你拥抱她或告诉她你爱她。

爱的语言在所有的关系中都发挥着作用；你所要做的就是破译它们，并学会使用这些语言。相信我，学会这些语言将为你带来神奇的变化！

# 良性人际关系的禁忌

　　世间的亲密关系各不相同。有人需要在厨房的餐桌上摆上金质餐具，伴随着情绪的爆发、啜泣和散落一地的餐具，在餐桌上疯狂做爱才算有效。每个人的动力来源也因人而异。如果这些日常的情感爆发对你"有效果"，并让你们的共享关系账户处于盈余状态，那么多去买几次餐具也是一笔划算的投资。毕竟接受夫妻治疗的费用远比这个高！

　　世界上不存在适用于每对夫妻的"黄金法则"，但却有许多普遍适用的因素值得考虑。人际关系研究者和心理学教授约翰·戈特曼花了几十年的时间研究了令人满意的关系中的各种变量，在《婚姻成功七原则》一书中，他明确指出了夫妻幸福的几项"禁忌"：

## 批评

在一段关系中，我们需要有机会能够说出自己的困扰，我们希望自己变得与以往不同。戈特曼对"做什么"并不怀疑，他更关心"如何做"和"何时做"的问题。指责、抱怨和唠叨，任何暗示对方不称职的做法都将危害你们的关系。抽出时间多多交谈，把你想要对方改变的事情表达为你的愿望，而不是批评。坦率地表达你的感受，而不要总是揪住对方的错误不放；交谈从说"我……"开始。

## 嘲笑

讽刺挖苦和冷嘲热讽可能是一段关系的丧钟。一次暴躁和不计后果的评论，虽然你会很快将其忘到九霄云外，却会深深地伤害你的伴侣，并长久地留在他（她）的记忆中，因为全心全意地爱一个人让我们脆弱。这就要求我们在和爱人交谈的时候特别注意自己的语言。

## 自我辩护

当你的伴侣向你倾诉那些困扰他们的事情的时候，不要急于插话，也不要急于为自己辩护。当你发现自己想说"是的，但是……"

时，告诉自己：深呼吸，继续听。虽然很难办到，但依然请你试着去理解他（她）的想法。受到批评时，大多数人的第一反应就是为自己辩护，确保自己的清白。但推卸责任于事无补，关键在于要确保彼此都能感受到对方的爱。承认你的伴侣有表达感受的权利，并反思你（可能）需要作出改变的地方并不是一件容易的事，但却对你们的关系大有裨益。

## 自我封闭

"亲爱的，我们需要谈谈！"通常情况下，女性更喜欢直面问题，而男性则更偏向于把自己封闭起来。一旦男性伴侣放弃交流，女性伴侣就会感到孤独和被误解。长远来看，这会导致两个人的关系逐渐疏远。不管困扰你的事情是什么，都不要害怕和自己的伴侣交谈。

据我所知的其他禁忌：

## 威胁

"如果你不这样做，我就离开你！"情感勒索不是爱，这样说意味着通过任何其他方式都无法达到预期效果。这不是一段关系的基础，关系双方都应该意识到并接受这一点。

## 不愿寻求帮助

承认问题的存在并寻求帮助并不是软弱的表现。告诉你的伴侣你希望他（她）提供哪些帮助，或者告诉对方你需要和他（她）联合起来解决问题。爱你的人通常会在你告诉他（她）之前就已经注意到事情不对劲。邀请你的伴侣参与问题的解决是信任的标志。

没有人能准确无误地猜测我们的感受。有时，在一段非常亲密的关系中，我们无须开口，对方已经完全知道了你的心思。如果真是这样的话，那绝对是件神奇的事情，也从另一方再次确认了你们之间关系的亲密程度。但我们更不应该忘记，在日常生活的纷纷扰扰中，瞬间完成的读心术和对我们需求的无声预言几乎是不可能的。

依据约翰·戈特曼的观点，在一段关系中，每一次消极的经历都至少需要用5次积极的经历才能平衡。你难道不觉得最好的做法是完全避开负面的经历吗？多多交流，甚至可以写信，无论哪种方式都可以，只要你觉得适合自己就好。最重要的是，关注你自己和你的感受。不要指责、威胁你的伴侣，不要使用挖苦讽刺的话语评论他（她），也不要条件反射式地自我辩护。你们甚至可以把这些承诺写到你们的关系准则里。

# 单身不是病

我深信单身不是病。通过网络搜索，我得知单身并没有被世界上的任何一个国家列为需要诊断和需要区别对待的对象。我不认为作为人类，我们注定要一辈子独自跳舞。重要的是，如果有必要的话，我们当然也可以独自一人。

在结束了一段感情之后，给自己的心灵放个假，花点时间独处非常重要。趁机享受那些你为了这段关系而放弃，或者你的伴侣不喜欢做的事情。花点时间重新塑造自己，或者平静地反思一下为什么你们的共同旅程结束了。

独自去旅行，去发现新的事物。你可以一个人出去吃晚餐，或者把卧室刷成粉红色，不为别的，只因为你完全有权利这么做。单身状态不需要"治愈",相反,你需要为它庆祝。享受那些因为伴侣的存在而没能去做的事情,享受那些你只有在他(她)不在家的时候才做的事情。

单身绝非坏事。为什么这么说呢?一段关系刚结束马上跌跌撞撞地进入下一段关系会让我们失去很多了解自己的机会。美国的社会心理学家贝拉·德保罗(Bella DePaulo)写了几十本关于单身的书,而且她在"当代心理学"上撰写了很多关于单身生活的博客文章。根据她的研究,只有当人独处的时候,个人发展才会取得最大的进步。

此外,只有单身的时候,你才有机会发现如何才能给自己的生活带来玫瑰、阳光和幸福的荷尔蒙。在这些事情上,你不需要伴侣。事实上,独处能够帮助人意识到自己的能力。曾经那个只会烧开水的男人变成了明星厨师,那个不会换灯泡的女人成了五金店的常客。

贝拉·德保罗还发现,单身能让人更容易地融入自己的朋友圈中;单身的人与兄弟姐妹及父母的接触也比有伴侣的人更频繁。在单身的阶段,我们和周围的人建立了更牢固的联系,因为我们有更多的时间可以自由支配:假期的时候和男孩儿们一起玩耍,周末和姐妹们一起做水疗,带子女去公园或者去参加游轮旅游,星期天和父母一起吃早午餐。

即使你再次坠入爱河（因此你的日程安排再次包括了在沙发上度过慵懒的夜晚或在床上度过的周日），这些单身的日子也依然是你一生中值得珍惜的美好时光。

我花了很多时间去旅行，也把很多时间花在独处上：在这些单身的时间里，我努力找寻，并终于觅得了属于我自己的"为什么"。我与朋友们分享难忘的时光，这些人当中有的成了我公司团队中的成员。我知道他们是我在任何情况下都可以仰仗和依靠的人。正是有了这些经历，我才欣然地与迷人的丽塔结为夫妻，邀请她走进我的生活。为此，我永远心存感激。

如果你现在正快乐且单身着，不要理会别人说你情况"复杂"，或者认为你有什么不正常。努力地去认识你自己，与你在意的人分享宝贵的时间，体验一下依靠自己生活的感觉。告诉你自己：寻找伴侣并非必须，单身时光珍贵，千万不要浪费。

要不了多久，当你一切就绪，凭借着单身时光倍增的自信心，你将再次坠入爱河——不是因为你需要一个伴侣才能开心，而是因为你想和别人分享你的快乐。

# 勇敢去爱

可供选择的"盖子"比以往任何时候都多，但不知何故，适合的似乎一个也没有。这话听起来是不是有几分耳熟？我就认识许多30-35岁的单身女性，她们非常想要一个伴侣。她们真的没有单身的理由。这些女士都很会照顾自己，工作生活都脚踏实地，都拥有自己的价值观，有过一两段感情的经验。

她们发现了单身生活的乐趣并暂时乐在其中。到目前为止，她们已经彻底了解了单身生活的优点和缺点，并且慢慢地觉得单不单身都没有关系。单身的她们想要找到一个伴侣，想要组建自己的家庭，想要寻到一个能在自己身边并一起生活的人。当然，这个场景也有一个单身男性的版本：一个王子在寻找他的公主。有很多有趣的男男女女都在寻找伴侣，多亏了各种应用程序和社交媒体，现在想要找到合适的人应该是再容易不过了吧。为什么还是有人会觉得目标很难实现呢？

在和认识的单身女性多方交谈之后，我发现了其背后的模式。（这种模式同样适用于单身男性，男性读者不必觉得被排斥在外了。只需将"公主"和"王子"调换位置即可。）

我经常听到这样的说法："我也不知道为什么，只是感觉不太对。"单身朋友们，事情是这样的：生活中几乎没有什么是"完全正确"的，我们一直都在妥协。那么，为什么到了爱情这件事情上，就必须是白马王子将公主从她自己建造的高塔上拯救出来？他需要能一边用左手倒车停车，一边用右手抚摩她的脖子，还要会背诵诗歌，口中要有草莓的芬芳？最重要的是，他工作了 12 小时回到家里还要看上去像《男士健康》杂志的封面主角一样？当然，童话中的王子当然可以是这样的——这就是为什么他们被称为童话王子，因为这样的男人只存在于童话故事中。

同样地，男人追求女人，妥协的空间也很小。要求女方有维密模特一样的外貌，不仅整洁漂亮，还要爱好运动，性格随和，即便是假期里去树林里背包旅行的时候也完全一样。这样神奇的佳人能毫不费力地在事业、换尿布和周末烧烤之间随意轻松愉快转换。是不是这样？

现在让我们先回到单身女性这一方。我并非要求你放弃或废除自己的标准，但请注意，如此严格地将这些标准应用到生活中只是一种自我保护的机制而已。现实中没有哪个有棱有角的男人能够完全满足你的理想。综合各方面考虑，这些标准都是避免感情受伤的有效方法，也为你保留了所有的选择，同时也只会让你长期处于单身一人的状态。你不妨认真想一想。

同样，对于一个"高标准"的单身男人而言，如果他执着于追求所谓的"完美女人"的话，那我们就只好假装这个男人根本没有感情，只会自怨自艾地哀叹"她们就是不合适"。如此一来，他就可以很好地保护自己，避免又一次铩羽而归了。

当然，还有别的原因可以解释为什么一个既头脑聪明，又有魅力的罐子找不到合适的盖子。通常情况下，这是因为他们反复爱上同一类型的人，尤其是许多女性，似乎有一种百试不爽的本能，次次都会爱上一个错误的男人。

如果你把这样的女人放在 500 个男人面前，她们肯定还是会选一个对自己不好的男人。她们根本不会考虑另外 499 个男人中的任何一个，尽管这些人中的任何一个都会是更好的选择。

正是那个不在她身边，不注意她，反复欺骗她或对她不好的男人，才会像磁铁一样吸引她，让她把自己的世界垫在他的脚下。其实，这种现象并不只发生在女性身上。就算是你自己没有经历过这种情况，你身边肯定也有人有过这样的经历：他总是找同一类型的女朋友，朋友们都能预想到他的心碎时刻不久将再次来临。

为什么人们允许这种事情屡屡发生在自己身上，为什么他们总是选择错的人呢？绝对不是因为他们甘愿受苦。我相信这背后还有别的原因：有的时候，这些人的内部磁场无法得到校准。尽管并非总是如此，这种情况通常发生在一个人的儿童时期。

正如本书前文所说的那样，父母向我们展示了爱的模样。一定程度上，这些信息从小便开始塑造我们的内在吸引力。如果这个校准过程告诉你，必须通过良好的表现与和善的为人才能"赢得"爱，那么你很可能会把这种标准带入你以后的生活中去。在这种人际关系中，你可能会为了得到伴侣的认可而牺牲自己的需求。

也有可能你从父母那里学习到了爱意味着多付出少回报（还记得我们讨论过的正负关系吗），如此一来，你可能会找到一个喜欢索取而不愿意给予的人。

我无从知道你的具体情况，但在你内心深处的某个地方，你对王子（或公主）的想象早已经预设好了。不可避免的是，你最终遇到的人都是按照从小习得的方式来爱你。将其想象成大脑里的一条熟悉的小路。可能有时你会注意到这样的人根本就不适合你，只可惜下次的时候你还是没能找到一个不同类型的人。

为什么这种模式如此难以打破呢？那是因为我们的潜意识，也就是我所说的磁铁，学习的速度非常慢。这导致我们一次又一次毫无意义地陷入相同的类型和想法当中。当我们意识到一段关系对我们不利的时候，我们不是努力从中脱身，而是试图改变它——这导致我们的爱情像极了一部糟糕的肥皂剧。我们希望这部动荡不安的戏剧能有一个圆满的结局。"当然希望圆满。"我们想，"经过了这么长时间的努力，事情一定会好转。"

但是，这出喜剧是从什么时候开始变得能够快乐地结尾的呢？简单地说，在这场挑战中，你要想胜出并不容易，毕竟事情就是以这样的方式展开的。人不容易"改变"，也不是你想改变就能改变得了的。

你所爱的男人（或女人）对爱的理解与你的不同，待人接物的方式也与你相异。你既不能简单地将其删除，也永远无法改变这个人，继而也无法改变故事的结局。

你唯一能做的就是寻找到一个崭新的开始。尝试与不同类型的男人或女人交往：也只有这样，结局才可能会不同。明白你自然而然地会被什么样的人吸引，并不意味着糟糕的结局不会再次发生，但你能够在一开始的时候就注意到那种结局的可能性。你知道事情可能的结局，毕竟你已经经历过了很多次。是时候重新校准自己情感的磁铁了：不参与那场戏，就不是（不再是）你的问题。

需要提醒的是，当有人了解你、鼓舞你，愿意让你成为他生活的中心的时候，一开始你可能会觉得很别扭。如果这个人欣赏你，并向你保证，尽管你有这样或者那样的弱点，你依然是"我的英雄"，这可能会让你倍感不安。也许你以前也碰到过这样的人，但是你选择离开，是因为你觉得那根本就不是爱。但其实这种形式的爱并没有任何的不妥，更不是什么劣等的爱。相反，这是你所不了解的爱的"正确"方式。给这样的人一个机会，便是给自己一个机会。给自己一些空间，离开脑海中那陈腐的路径，就此开辟出一条新的道路。你需要时间来认识和接受这种新的爱，但是你的坚持和耐心一定会有美好的结局。

有时，我们需要练习被别人爱。

# 动物的语言

认识动物的语言完全改变了我与他人的关系。许多年前，我就意识到，使用别人的语言将会极大地丰富自己的人生。我现在要讨论的不是西班牙语，不是法语，也不是汉语，我要谈论的语言要简单得多。我们早已经在潜意识层面上了解这种语言，现在只需有人来将其讲述清楚。这就是本章的主要内容。

我要讲的基本观点并非我的首创。它不是我的设计，设计这种说法的人远比我聪明。这种模型不是我的发明，但我进一步发展了它。

事实上，这个模型最早是由希腊哲学家兼医生希波克拉底在公元前 5 世纪发明的（我觉得自己非常适合做个哲学家，这样就可以整天坐在石头上思考各种各样的问题。但是既然生活在此时此地，我也很高兴能成为一名演讲者）。希波克拉底早已逝去，但他关于4种体液的观点启发了帕加玛的盖伦（Galenus of Pergamon），使他发展出了关于人的4种气质或"类型"的学说。本着同样的精神，我相信希波克拉底不会介意我在当下这个时代基于他的观点构想出一些新的想法。

认识我的人都知道，我一直被这个世界深深吸引。我喜欢旅行，我热爱大自然，致力于"海洋清理"项目来推进对海洋的保护。这就是为什么我选择4种动物来代表4种类型的人。

**猫头鹰、鲨鱼、鲸、海豚。**

是的，这些并非都是海洋动物，每一种动物的具体含义，我将在后面的章节中详细讨论。

理解这些概念不需要什么特殊的才能，只需要有一点思考能力和好奇心就可以了。一旦认识了每种动物的语言，你就可以采用完全不同的视角来看待你认识的人。更重要的是：

**自此以后，你将采取不同的方式与他们沟通交流。**

突然间，事情变得疯狂起来。原本那些让你难以忍受的同事居然一大早给你送来一杯咖啡。素来举止粗鲁的面包店女售货员会对你微笑，并提前为你预存 3 个羊角面包，以防你白跑一趟。你那个（通常）晚睡晚起的伴侣会一边高高兴兴地为你准备早餐，一边还吹着口哨，餐桌上摆着郁金香（在 4 月的毛毛雨中，她去遛狗的时候刚摘回来的）。即便事情和我所说的并不完全相同，也大概相差不远吧。

这 4 种动物的语言也将帮助你在工作中更加顺畅地沟通，组建更有效的团队，更好地认识和满足客户的独特需求。

当你阅读本书的以下几页时，你肯定会微笑着想起你的同事、家人和朋友。你甚至可能会得到一些启示（女儿的房间看起来像爆炸现场，而她 3 岁的弟弟在抽屉上用不同颜色的记号笔标记他的袜子。不，作为他们的父母，你并不失败）。

首先，你要知道，这就是生活，这是生活应该有的样子，是一件好事。


**我是哪种动物?**


我们每个人都是 4 种性格类型的混合体：鲸、鲨鱼、海豚和猫头鹰。很少有人纯粹属于某一种类型，100% 地属于其中一种动物而与其他动物一点关系也没有的人非常罕见。

在这个模型中，不存在一种动物比另一种动物更好的情况。4
种动物都各有其存在的理由，也各有各的优缺点。因此，它们同等
重要。我们有每种动物的一部分"基因"，但各种动物的比例并不
相同。对某种动物的（相对）表现由先天和后天因素共同决定：也
就是说，这些因素包括了我们的成长环境，我们的精神信念，以及
儿时为了赢得父母的爱和赞美而培养起来的技能。

如果说有什么是非常肯定的话，那就是我们早年生活的经历在
塑造性格方面发挥着重要的作用。小的时候，你是自信还是腼腆？
你经常想到的是什么？从你童年时的卧室看出去是什么样的风景？

生活的各个领域都可以看到这4种动物。一旦学会了其他动物
的语言，你就可以开始巩固你的人际关系，并从与你们共同的旅程
中得到更多的收获。我研究这个模型已经将近20年，并且将它运
用到我的工作中。我在几家德国公司使用过这个模型，这其中包括
福维克（Vorwerk）和布加迪（Bugatti）。在这些公司里，每个员
工都清楚地知道自己以及同事们的动物类型，很多人的桌子上都贴
有动物的标志，用来提醒某些性格特征，并鼓励人们交谈。4种动
物的模型是迄今为止我最成功的作品。到这本书出版时，这个模型
在网上的浏览量已经超过了150万次。

海量的客户反馈证实了这个模式在实践中的有效性：它挽救了
婚姻，巩固了友谊，为办公室沟通设定了更加健康的标准。太棒了！

尽管如此，我清楚地知道，人类的精神世界无法进行简单的归类。正因如此，本书的主要目的不是成为一个归类工具，而是努力成为一个促进更好沟通的"工具箱"。

我唯一可以向你保证的就是，你再也不会在收银台、汽车站、机场或家庭聚会上感到无聊了，不管那场合本身到底有多么的无聊。事实上，家庭聚会将成为你即兴表演的训练班。突然间，你意识到了为什么有些人能相处融洽，而有些人却水火不容，为什么有些话题一定会招致麻烦，以及你可能扮演的角色。

准备开始托比亚斯·贝克的语言课吧！希望你在发现自身动物个性的过程中获得更多的乐趣。

# 鲸

每条鲸都不一样。海洋中生活着大约 90 种鲸，而我们人类同胞中也有各种各样的鲸，唯一的区别是我们生活在陆地上，用两条腿走路。

正因为如此，只有那些最有经验的人才有可能仅凭外表就识别出不同的鲸。读完这本书之后，你会发现从个性中辨认出人的类型多么的有趣。

鲸带着一个简单的问题来到这个星球：

"别人如何从我的存在中获益？"

这种思维方式带来了许多积极的结果，而受益者主要是别人。当然，这意味着你也可以从中受益。假设你刚到一个城市，受邀参加一个聚会。在吃自助餐的时候，你提到很快你就会带着所有的东西——包括你的狗、猫、老鼠和 3 只龙猫宝宝——搬到这座城市来生活。

如果你现在碰巧在跟一条鲸说话，那你可真走运。他们迫切地想要帮助你，等不及要马上放下手里的最后一片鲑鱼脆饼——这块饼他们本来打算留给你吃。更重要的是，他们所提供的都是实实在在的帮助。鲸想要帮助别人，他们喜欢帮助别人，而且他们是很专业的帮手。鲸会帮你考虑搬家这一天可能忽略的各种情况，并帮你补齐所需要的一切：搬家用的盒子、毯子、纸巾、贴纸……最重要的是，他还会带来其他鲸。是的，你会看到许多你压根儿不认识的鲸，即便并不认识，他们仍然都乐意帮助你。鲸很少独自旅行。为什么？

## 因为趣味相投的人容易聚在一起。

和他们的同类一样，鲸也喜欢那些他们能帮助的人。如果你告诉鲸你周一早上 8 点钟搬家，他会在当天早上 7 点钟的时候出现在你面前。"当然，"鲸会说，"我得把包装箱从小货车上卸下来。"

除了带齐所有的设备和助手外，他还为一起来帮忙搬家的人准备了食物。搬家的前一天晚上，鲸会花好几个小时给面包涂黄油、切洋葱拌沙拉、为素食者做奶酪卷、为水果主义者准备水果沙拉、变着花样为纯素食者做了鹰嘴豆泥蘸酱。他甚至会在打印店门口停下来，为任何想再次尝试这些食物的人制作食谱。

当然，鲸们要留心看一看自己的热心肠会不会被人利用。关于这一点后边还会说到。首先，让我们了解一下鲸的特性吧。

鲸是群居动物，他们善于交际，但不喜欢成为被关注的中心，更倾向于照顾他人。对鲸来说，把生活的重心主要放在"寻欢作乐"上，会让生活失去意义。

鲸会被同类吸引，他们甚至会去相同的地方度假。比如露营地就会有很多鲸，那场面简直就像是一大群鲸搁浅了一样。鲸喜欢露营。为什么？因为在露营地，他们可以继续做他们在家里做的事情：做饭、打扫卫生、洗衣服等。

在露营地或中央公园里，鲸们似乎如鱼得水。他们乐意告诉邻居如何处理玫瑰枝上的白粉病，乐意教邻居家的小孩儿游泳，还会与大家分享令人赞不绝口的提拉米苏甜点。

到了晚上，雄性鲸会点火做烧烤，为整个街区的人烤制香肠，但前提是他要先帮隔壁的小哈里修好自行车轮胎。哈里的父亲日程满满，一心想着下一周要做的事，说到修自行车，他绝对是一筹莫展。你可能已经猜到了，哈里的父亲不是鲸而是鲨鱼。本书的后边章节还有很多关于鲨鱼的内容。到现在为止，你们当中有多少人已经在精神上接受了自己所属的新鲸部落？

让我们假设你首先是一头鲸，一个真正愿意帮助别人的人。就像在玩大富翁游戏的时候，你会让别人赢，感觉自己和这个世界合而为一了。你在任何情况下都是一个坚定的人。每天早上你耐心地把两条车道的司机合并在一起，然后友好地对他们点头示意。没有戏弄和挑衅，没有危险的血压飙升：这就是你。

此外，你喜欢某种类型的电影，并且总是在咖啡桌上放着必备的面巾纸。《真爱如血》《恋恋笔记本》《生活多美好》……真正的鲸都知道这些，而且都看过导演剪辑的完整版。

在学习心理学知识的过程中，我了解到其实媒体机构早已采用"四型人格原则"。如果你很聪明，事实也的确如此，否则你就会去看《我是大明星》电视节目，而非阅读这本书了。请考虑一下：你会用什么样的电视广告来吸引猫头鹰性格的人？

首先最重要的是把握时机。热门的爱情剧是鲸的主要领地。就在这对不幸的恋人重聚之前，为鲸准备的广告开始了。这是一个高度情感驱动的事件——眼泪、欢笑、苦乐参半的告别。最后一幕中（以倾盆大雨结束），两位主角手拿一大盒巧克力互相拥抱。"谢谢你，"他们说，"谢谢你！"

每个周一早上，20万头鲸乖乖地奔向超市——尽管他们可能并不喜欢巧克力。这个把戏很讽刺，对不对？

这个世界需要鲸。鲸把整个群体紧紧地维系在一起，他们坚毅的性格经常成为其他人格类型之间的缓冲。在办公室里，他们是和平的港湾和倾听的耳朵；在一个家庭里，他们是波浪中的岩石；在朋友中，他们是凌晨4点钟赶来接你的朋友，那时的你早已酩酊大醉，好运气已经抛弃了你。

鲸最重要的性格特征——也是我认为最令人印象深刻的特征——就是他思想的深度。在自然界中，鲸可以潜到3000米深的水下，并与他们的配偶建立长期稳定的关系。当一头鲸把你带进心里，你就有了一个不离不弃的朋友，一个你可以与之分享秘密的人。你也不必担心他（她）会背叛你：鲸对你告诉他们的任何事情都会守口如瓶。

汽车贴纸也是鲸的最爱。例如，将"车内有小孩儿"（Baby on board）的贴纸贴在汽车的车尾部。鲸开车绝不超速，一家人驱车前往主题公园，排队等候好几个小时，就为了能在茶杯形状的座椅上玩上3分钟。这又有什么关系呢？对他们来说，最重要的是邻居家的孩子们喜欢。你有没有见过有人的脖子上挂着泰迪熊或护身符形状的钥匙扣？这可能表明这个人就是长着两条腿的鲸。鲸喜欢纪念品，整个行业都在努力获取这些情感买家的青睐。

我相信你已经知道你生活中的哪些人是鲸了。你们中的有些人自己可能就是鲸，而有些人在特定情况下会觉得自己像鲸。这是因为通常情况下，我们都不是100%的单一性格类型，而是这4种动物的结合体。其中通常有一到两种动物支配着我们的性格。

在你的家人、朋友或同事中，你能认出谁是"鲸"吗？如果你突然想到几个人的名字，现在就写下来。

# 鲨鱼

"保护好你自己！鲨鱼来了！"当海怪出现的时候，我们当然
要尖叫。在辽阔的海洋中游泳的不仅有鲸，还有鲨鱼。它也许是所
有海洋生物中最令人恐惧的动物了。如果你非常不幸遇到了鲨鱼，
它不仅会撕咬你，还会把你的骨头和所有一切都统统吃掉。对它来
说这也只是早餐而已。无可否认，那注定是令人不快的一天。

你们可能已经意识到了鲸和鲨鱼是完全相反的类型。鲸生活的
意义在于回答："别人能从我的存在中获得什么？"而鲨鱼的问题
正好相反："我能从别人那里得到什么？"

完全不是一回事！

不仅冲浪和潜水的人最不喜欢遇到鲨鱼，在个人生活的环境中

遇到鲨鱼也很麻烦，对于那些以前没有遇到过鲨鱼的人来说尤其如此。本书的这一章将会改变这一切。

让我们回到上一章所说的聚会现场。这一次，你遇到的不是鲸，而是鲨鱼（顺便说一句，这种情景几乎不太可能发生，因为鲨鱼通常不会自带食物。让我们假设他在那里迷路了）。如果你现在告诉他说你下周要搬家，鲨鱼会就着香槟一口吞下最后一个脆饼，然后告诉你说他最近也刚刚搬了家：250平方米带阁楼的大房子，还有60平方米的屋顶露台，有桑拿房，院子的大花园里还有带涡流的游泳池和养锦鲤的鱼池。他还告诉你就剩下来自巴厘岛的定制家具还在运送途中。正如我们上面所说的那样：这是一个完全不同类型的人。

也许你计划在你30平方米见方的地下室工作室里，也布置一些来自巴厘岛的柚木椅子，并在你的小浴室旁的水池里养上几条锦鲤。在这种情况下，你会全神贯注地看着鲨鱼。他已经吃掉了最后一块鲑鱼脆饼，但可以肯定的是，他肯定还会要更多的东西（他对着宴会承办人漫不经心地做了个手势，他说："我还要一些鱼子酱，外加一瓶酒！"）。

喝这么多酒总得有话题可聊，你也应该像"鲨鱼"一样，找一个让你感兴趣的话题。是的，我几乎可以肯定鲨鱼会为你推荐一家搬家公司。可能他会和这家公司的老板一起打高尔夫球或者参加一级方程式比赛。鲨鱼对你搬家的事不感兴趣，他感兴趣的是到你公司里去喝上一大杯，他能得到什么好处。你看：

## 鱼儿喜欢鱼饵，但鱼饵是否喜欢鱼儿却无关紧要。

在你的联系人中有些鲨鱼是件不错的事——如果你想要吸引鲨鱼进入你个人的海洋，应用上面的原则非常关键。这与生活中的许多领域密切相关，尤其是在各种各样的市场营销中。

鲸喜欢触动人心、温情脉脉的电视节目，但对鲨鱼而言，除非他自己就是节目的主要制作人，否则他只会通过道听途说的方式来了解这些节目。让我们想象一下，你若想要针对鲨鱼型性格的男性和女性做广告，要在哪里投放才好呢（是的，当然有雌性鲨鱼。而且她们经常被人低估，其实她们也同样精明能干。你很快就会遇到一个鲨鱼女）？

你一定会想到，应该把广告投放到《彭博商业周刊》或《金融时报》的股票市场部分。为了达到更好的效果，你还可以考虑关于汽车、高尔夫或建筑之类的时尚杂志。无论是从个人角度还是从职业角度来说，鲨鱼都对身边的人有着巨大的吸引力。尽管他们的个性令人敬畏，也不一定热心肠，但是不可否认的是他们总能为别人带来非凡的力量。你是否曾经被迫去赢得一个陌生人的兴趣，即使这个人一开始对你毫不关心？几乎可以肯定地说，这个有趣的人就是一条鲨鱼。

鲨鱼提供领导能力，自然而然地散发着权威的光芒，而且无论在什么情况下，他们总是愿意充当决策者。这样的个体对社会至关重要，事实上，多亏了他们的存在，我们才没有一直在原始的海洋里游来游去，也开始了从单细胞到多细胞的进化。鲨鱼作出决定，坚持到底，并愿意为此承担后果。

在需要作出决定的时候，许多人的思维方式与鲨鱼相反。他们在各种可能性中迷失了自己，以至于忘记了真正需要解决的问题是什么。鲨鱼的杀伐决断能力让它充满了魅力。

此外，正如你所预料的那样，外出露营度假对我们的鲨鱼兄弟姐妹来说没有什么吸引力。你不太可能在露营地里发现鲨鱼——除非它是我们在上一章里提到的哈里的父亲，又或者他是露营地附近商店的老板。

鲨鱼们有自己理想的度假胜地：圣莫里茨、马尔代夫、圣巴思或者汉普顿。你可以在各种听上去很昂贵和优雅的地方找到鲨鱼，也可以在其他鲨鱼出没的地方找到他们。

我们都知道，人们喜欢和自己相似的人聚在一起。豪华的度假胜地为鲨鱼们提供了与同类相遇的机会：去水疗中心做一次夏威夷按摩，去豪华的巴厘岛度假胜地，或在北极光下的雪屋豪华营地露营。这些景点和度假胜地都清楚地知道鲨鱼需要什么，想要什么，而且大多数时候，价格并不是最重要的考虑因素。挣钱多的人花钱也多，这同样也体现在个人风格上。鲸喜欢简单而不张扬的风格，但你可以在世界上最高档的精品店中找到鲨鱼。鲨鱼的偏好各不相同：有些鲨鱼只认一种品牌的商品，另一些鲨鱼则喜欢私人定制。衣服不一定要实用，昂贵就足够了，鲨鱼的品位毋庸置疑。

一般来说，鲨鱼会将大把的时间花在外表管理上，所以不要害怕恭维他们（毕竟我们谁不喜欢听到别人的恭维呢），我们都或多或少有爱慕虚荣的倾向，鲨鱼只是在这方面更加坦率罢了。因此，不要指望鲨鱼会很随意地说："哦，我买到了便宜货。"这大概是鲸才会说的话。

在派对上你如果赞美鲨鱼的鞋子，他会直接告诉你他们有多么昂贵。"这鞋子是亚马逊雨蛙皮做的，"鲨鱼可能会说，"是在月圆之夜，由当地土著手工软化制成。"如果鲨鱼正好是你的新上司，或者你想拜托鲨鱼给你介绍某家搬家公司，总之，假如你现在想要给对方留下好印象，你最好避免提及亚马逊雨蛙数量正在大幅锐减的事实。为什么呢？你要知道：

**和所有其他动物类型一样，鲨鱼也想得到别人的认可与赞许。**

希望获得别人的认可与赞许这一特征在鲸身上表现得最为明

显，他们通过帮助他人而获得了无数人的认可。对于鲨鱼而言，情况则略有不同。鲨鱼更愿意因为自己生活中的作为，以及事业上的非凡成就而得到别人的认可。大多数情况下，一句满怀钦佩之情的"哇，一定是最新款吧？"就能让鲨鱼心满意足。这听上去也没有那么难以办到！

无论你在哪里，都可以通过那些不可思议的能力来准确无误地识别谁是鲨鱼。你找不到停车位？鲨鱼能找到。时间就是金钱——亚马逊雨蛙皮不喜欢风吹雨打。

几年前，我受邀到德国一家大型保险集团组织的活动上做主题演讲。一位与会者迟到了一个半小时——真是够晚了。想象一下，这个人把车直接开到大楼前，车灯的强光从窗户射进来，然后大步流星地推门进来，再"砰"的一声把门关上的时候，我有多么惊讶，他一定在想，所有的眼睛都盯着我才好，否则我还不如不来呢。鲨鱼需要的不是走进一个房间，他们需要的是一个切入口。作为主讲人，我需要把这个切入口完美地融入我的演讲中。

"我可以问你一个问题吗？"我说。

"问吧。"

"先生，请问你多大了？"

"21。还有别的事吗？"

"还有一个小问题。"当时，我真的是惊呆了。"你21岁的时候就能开上奔驰 S500，请问你是怎么做到的呢？"

他笑了，"嗯，因为现在还没有 S600。你觉得怎么样？"

这真是一个让人火冒三丈的回答，不是吗？当然是。但我们没必要去告诫一个成年人，相反，我还必须非常明智地处理这种情况，而不是被咬伤。此外，请不要忘记，每一种动物都有好的一面，都有能让我们从中受益的品质。要想获得这些受益，就必须接受各种挑战，并认识到他们也是整体的一部分。

鲨鱼只对一种特定的语言有反应。假如你用鲸的语言和他们对话——"你能……吗？""……是不是也有可能？""你认为……？"——他们可能会在你问完问题之前就走掉了，你也就失去了招募一个真正有进取心的人进入你生活的机会。

在我们讨论下一种类型的人之前，请你抽出一点时间，在纸上写下你身边那些属于鲨鱼性格的人的名字吧。

# 海豚

你有没有试过一半大脑在睡觉，另一半大脑保持清醒？

今晚就试试吧：睁一只眼睛，闭一只眼睛。想象一下这种可能性——一半大脑在睡觉，另一半还能帮你报税！海豚早就掌握了这种特殊的技能。不可否认，他们不是要填报纳税单，而是防止在"半脑睡眠"的时候错过了什么。对海豚来说，这样做主要是为了避开威胁，而陆地上两条腿的海豚也同样焦躁不安。也许他们也早就发现了"半脑睡眠"的秘密。对他们来说，单侧睡眠却有着完全不同的目的。

如果海豚醒来看到满地都是五彩缤纷的碎纸屑，他的心情就会感到很沉重。

"为什么要撒这么多五彩纸屑？"他说，"我错过了什么？"

对此的解释非常简单。鲸生来就是为了帮助别人，鲨鱼生来就是为了获得别人的帮助，而海豚——无论白天或黑夜——只关注一件事情："下一场派对在哪儿，朋友们？"

海豚发明了五彩纸屑和荧光棒，还发明了气球、游乐园、购物中心和许许多多其他闪闪发光的东西：这些东西并不一定总是有意义，却总是很有趣。海豚知道如何享受生活。不要问海豚下一次派对的时间和地点，他们不会理解你的问题——因为对他们来说，生活本身就是一场盛大的派对。你可以通过海豚的手机铃声来识别他们。他们的铃声不会只是一个音调：它模拟火箭发射的声音，伴随着灯光闪烁、手机振动，然后是一连串熟悉的歌词。"瓦莱丽，你过来吧……"[1]

如果你禁不住停止阅读并开始跟着唱起来的话，我敢肯定地说你的个性中也有隐藏着海豚的性格因素。大多数情况下，海豚的手机外壳色彩都十分的鲜艳奇特，要么是长长的兔耳朵或彩虹色的独角兽的角，通常不那么实用，但非常有个性。

但凡海豚参加派对，你通常会发现他们要么在舞池热舞，要么

---

[1] 译者注：此为英国女歌手艾米·怀恩豪斯（Amy Winehouse）演唱的流行歌曲中的一句歌词。

在 DJ 台后面打碟，或者即兴扮演派对的主持人。如果派对比预想的要安静，海豚的趣闻逸事总会让现场的气氛活跃起来。他们有一种无与伦比的能力，不仅能记住笑话，还能活灵活现地把这些笑话讲出来。

海豚天生具备自我解嘲的品质。他们对己、对人、对事都不会太一本正经。"没人能活着离开这个世界，"他们想，"既然如此，为什么不多找点乐子呢？"当然对他们而言，最大的乐趣是和别人聚在一起。

具有海豚性格的人喜欢和那些气味相投的人一起玩耍，喜欢志同道合的人的陪伴。这其实和他们在海洋里的同名生物并没有太大的不同——他们会表演杂技，也会与不同的伴侣寻欢作乐。"为什么不呢？"海豚性格的人会说，"不同才是生活的调味品！"

海豚的身边总是不缺朋友。海豚性格的人在人群中就像是鱼儿在水里游泳一样自如。周围的人越多，这些人说话的声音越大，表现得越无忧无虑，海豚也就越自在。对海豚来说，传统和规则毫无意义，相反完全是一种束缚。他们总是很容易忽视这些惯例和规则的存在，尽管很少出于恶意。

试想一下，你打算筹划一场隆重而华丽的正装晚宴派对，而且在几个月之前就已经宣布了这个计划。你猜猜海豚会穿什么来赴宴？没错：他没有扎白色领带也没有穿正装，而是穿了一件带红色亮片的礼服，嘴里叼着一朵玫瑰，脖子上围着霓彩羽毛织成的围巾！

当你打算举办什么活动的时候，最好招纳至少一个海豚做你的助手；这样的话，你就可以确保整场活动的氛围、音乐和情绪保持在最佳状态，直到一切结束。作为预防措施，最好招募 3 只海豚：有一些后援总是好的，因为海豚能不能在需要的时候准时出现都不是十拿九稳的事。他们可能会忘记日期、睡过头、宿醉，或者把日期搞混……还有很多别的可能性。也说不准，你的活动与他的另一个更有意思的约会冲突了。

当谈到可靠性时，海豚类型的人并不是最理想的人选。因此，对于你朋友中的海豚来说，多一些耐心很有必要。

对海豚来说，只聚会而不用工作才最受欢迎。在海豚的世界里，没有聚会只有工作简直不可思议。如果你搬家的时候恰好海豚也在场，还没等到搬完箱子他们就会不见了踪影。如果这些箱子里装的是拆卸之后的家具呢？最好还是别让海豚们靠近。"说明书？"海豚会说，"有说明书吗？我刚才好像还看到过，可是不记得放到哪里去了！"

只要你们之间的话题不是如何组装柜子，你就可以传授很多生活的知识给海豚。他们知道如何最大限度地利用每一种场景，会讲故事的天赋让他们成为完美的即兴艺术家。当其他动物都在哀叹黑色星期一的时候，海豚们却能乐在其中。而且，他们还可以用过去两天发生的各种离奇故事来为同事们带来欢乐。如果你凑巧也听到了他们讲周末的故事——顺便说一下，那些故事真是有意思。你可能会很好奇海豚的身边怎么会发生这么多事情（"这比我一个月的故事还要多！"）。事实就是，有时海豚可能会稍显夸张一些。但是，如果加一点修饰对娱乐大家有好处，比如说能帮你消磨掉音乐会中场休息的时间，那么他的那一点点夸张的表述就只是善意的谎言而已。只要最终的效果达到了，采取什么手段似乎无关紧要。

最好的故事往往都发生在假期。当鲸开着露营车准备到匈牙利的巴拉顿湖（Lake Balaton）去潜水的时候，鲨鱼正在它的私人泳池里享受着美好时光，而海豚则准备去往西班牙的海滨之城略雷特（Lloret de Mar）的巴士之旅，99 欧元，两周全包。

不出所料，背包在出发的那天早上才收拾妥当：人字拖、游泳装备、两件 T 恤外加一罐啤酒。

总的来说，这个假期大家都过得不错。伴随着"甜美的凯若琳"那令人振奋的合唱，汽车摇摇晃晃地驶上高速公路。海豚度假者在旅程中一定不会排斥红牛饮料。睡眠？为什么？"人死之后会有大把的时间去做这件事。"海豚心里想。

两周后，当这群人下了大巴，被问及他们都干了些什么的时候，海豚的大脑中一片空白。"我不知道，"他说，"我只记得这是一趟不可思议的旅程！"那么这个场景中的其他动物反应如何呢？海豚下车时，忙着感谢他们的鲸司机，回到办公室，鲨鱼正在忙着计算利润。

就像对待鲸和鲨鱼一样，也有专门针对海豚的电视节目。各种耀眼的广告在商业时段争夺着大家的注意力。《我是大明星》之类展示惊人特技和恶作剧的节目都是海豚的最爱。

当然，光有海豚也制作不出一档节目。当海豚们正在（勉强避免）扭断脖子的时候，鲸正耐心地站在旁边，穿着红十字会的 T 恤。鲨鱼本人就是该节目最耀眼的赞助商，在活动开始前他们正忙着挂广告条幅。一旦你认真思考这个问题，就不难看出每一类人适合做什么工作了！

海豚天生就是幸存者，任何棘手的情况他们都能找到解决的办法。有时他们找到的办法可能并不适用于该问题，但海豚总是会尽其所能。即便是失败了，至少还有足够多的五彩纸屑照亮现场。

海豚的穿着很奢华，尤其是海豚性格的女性，她们经常浓妆艳抹，以至于让那些从她身边路过的变色龙心跳都停止了。变色龙又是从哪里来的呢？"好吧，你永远也不会相信的。"海豚女露齿一笑，开始讲她的下一个故事。

你的朋友和熟人中，谁更喜欢用亮闪闪的东西来解决问题？不妨花点时间写下他们的名字吧。

# 猫头鹰

"为什么这次是一种会飞的动物，而不是会游泳的动物呢？"
女士们，先生们，我不需要水晶球就能知道你们中的很多人会问这
个问题。事实上，这正是猫头鹰关心的问题。猫头鹰打破陈规，猫
头鹰类型的人会觉得必须立即研究这个问题。

猫头鹰需要各种模式与规程，我们也需要猫头鹰。我们需要猫
头鹰来解释为什么我们扔到天上去的五彩纸屑最终会落到地面上。
当然，不是所有的问题都可以通过撒五彩纸屑来解决。

在多数情况下，猫头鹰生活中唯一的"五彩纸屑"就是筑巢时
的碎纸片。这些废弃物不会被抛撒到空中，而是被安排得井井有条，
最后被安安静静地扔进垃圾桶。猫头鹰很可能知道需要多少张纸

（"每张纸两面，一周共需330张，遇到假期的话每周少用52张"）。猫头鹰已经解决了所有的问题。一提到"五彩纸屑"这个词，海豚就已经开始在别的地方忙碌了，他们就是喜欢色彩鲜艳的东西。

现在，你应该已经注意到海豚和猫头鹰是两种完全不同的人。当海豚忙着建造空中城堡时，猫头鹰正在检查静力计算的结果。要不了多久它就会公布自己研究的结果：空气不适合作为建筑材料，五彩纸屑会危害热带雨林。

猫头鹰是实用主义者，是问题解决者，也是思想家。如果这还不是现实，猫头鹰将会使之成为现实（为此，我们感谢他们）。在自然界中，猫头鹰有360度的视野，有超级棒的视力和难以置信的耐心。猫头鹰型的人也有相似的特征。首先，他们会权衡所有可能的结果，然后安安静静地思考如何操作。

简单地用某一个原型问题来描述猫头鹰是不可能的，因为猫头鹰整天都在问问题。人们甚至可以想象瑞士奶酪就是这样被创造出来的——某一次，一只猫头鹰被困在牛奶场，它用喙不停地在奶酪上钻洞，于是才有了埃曼塔（Emmental）这种美味的奶酪。好奇心是新事物产生的动力。简而言之：

**地球上之所以有猫头鹰，是因为这个世界需要它来解释一切。**

对于猫头鹰来说，没有什么可以用"事情本来就是这样"来解释。一切事实都要经受它的检验。如果你用"大海里的鱼儿数不清"来安慰一只伤心的猫头鹰，那么你最好把它们的名字、照片和地址按字母顺序归好档展示给他看。

如果你在派对上碰到一只猫头鹰，你肯定会看到他正全神贯注地与人进行一场严肃的谈话，猫头鹰不适合闲聊。当然，这并不是说你不能和他们谈论天气。只是在那之后，你就会知道为什么会发生全球变暖，下一个冰河时代什么时候到来，以及如何度过那个寒冷的时代。对于猫头鹰来说，这就是聊天气该有的样子。猫头鹰喜欢不请自来地给别人传授知识。有时候，这的确会让人筋疲力尽，但也总是能够增长见闻。

如果你想请一只猫头鹰来执行你的任务，那你一定要提前做好计划，并准备好应急计划和后备方案。如果你感兴趣的话，猫头鹰会很乐意为你计算出需要这些备选方案的可能性（老实说，对此我们有谁不好奇呢）。

为了确保万无一失，你应该彻底取消之前的安排，并将所有的细节全盘告诉猫头鹰，然后再到水疗中心去登记入住。当傍晚你抵达新的下榻地点的时候，所有的东西都已经完好无损地先期抵达了，水和网络早已备好，其他参加水疗的邻居们也都已经收到了一份小礼物。这听起来非常完美，对吧？

嗯，是的——除此之外，猫头鹰可能不会像鲸那样"免费"提供这一切服务。猫头鹰需要忠诚和互惠，这意味着你也必须在他们需要你的时候出现在他们的身边。由于猫头鹰的记忆超群，凡事不忘，我建议你认真地履行好你欠他们的人情。否则，他们就会悄无声息地离开你，正如真正的猫头鹰所做的那样。到时候你就只能眼睁睁地看着那一切的发生而无法挽救。

如果你的生活中需要一只猫头鹰，我建议你去参加一些和文化相关的活动，在那里你能看到很多猫头鹰。一般来说，猫头鹰非常欣赏那些有学习热情的人：他们计划旅行的时候往往会制定细致的时间表和令人生畏的待办事项清单。也许海豚会觉得这样的旅行缺乏灵活性，但猫头鹰型性格的人却可以趁机好好放松一下。这种类型度假的组织者会非常了解他们客户的需求。由于知道猫头鹰喜欢煞费苦心地做计划，组织者能做的事情就是照顾好他们。

这会让猫头鹰很高兴。尽管不能排除他们重新安排路线的可能性（毕竟，这个计划可能是办公室里海豚的杰作）。有信任固然好，能把控一切则更好：猫头鹰的朋友们也要记住这条指导原则。

猫头鹰不喜欢离家太远。如果周末有空闲，他们会带上行李，开上小型面包车到英格兰海边的康沃尔（Cornwall）度周末。当然，行李在前一天的晚上就已经收拾妥当，需要打包的东西两个月之前就已经用 Excel 表格列了出来。而且这个表格是通过优化一年前所做的表格得到的。

正如你所料，猫头鹰会为各种可能发生的情况做好准备。即便是遭到原子弹攻击，猫头鹰也会毫发无伤地生存下来。如果是鲸加猫头鹰组合，那就更完美了。鲸和猫头鹰是梦幻组合。世界末日来临的时候，他们可以用车里的东西拯救整个人类。

然而，如果猫头鹰和海豚结婚（出于爱情，或者其他无法解释的原因），猫头鹰让海豚按照计划打包，结果将类似于打包所有的家具。车子被塞得满满的，根本无法检查核实。"很好了，"海豚想，"如果有什么没有收拾到，可以在到达目的地后再买也不迟，不要在意度假地的价格会不会更高。"不用说，猫头鹰快要崩溃了，和谐相处已经不可能。让家庭假期马上开始吧！

提前办理登机手续就是专为猫头鹰设计的。他们会在正式去机场前先开车去机场探访一次，只是为了确保自己能赶上当天的飞机。最重要的是行李要装得安全妥当。海豚赶飞机不是迟到就是彻底没露面，鲸会准时到达机场，而鲨鱼会在起飞前 30 分钟出现在机场："我是金卡会员，快让我登机吧。"

想对猫头鹰做广告？在他们最爱的杂志上和纪录片里投放广告

是最佳途径。猫头鹰喜欢纪录片。虽然鲨鱼也喜欢翻一翻《悦游》（*Conde Nast Traveller*）杂志，但猫头鹰总能收到《国家地理杂志》寄来的邮件。

当然，作为一家大型户外用品商店猫头鹰式的营销经理，你一定知道为什么要定期培训员工，指导他们进行个性化客户服务。猫头鹰知道想要购买产品的所有信息，因为他们在前几周已经研究梳理了所有相关信息。说不定他们甚至准备了一个小型的展演，不排除卖家反倒向他学习的可能性。

说到户外用品商店，他们的很多产品也只有真正的猫头鹰才能发现。你曾经卖过一条齐膝处带拉链的裤子？虽然不是很时尚，但非常舒适实用。尽管实用主义有它的局限性，但不要害怕：猫头鹰清楚地知道自己要什么。

凡事猫头鹰总喜欢思前想后，事前、事中、事后随时都在思考。他们会问很多问题，并希望马上得到答案，而且很少会满足于现状。你身边有这样的人吗？谁是你生命中的猫头鹰呢？

# 与鲸相处

"给予便是新的拥有。"

+保守、轻松、耐心、稳定、满意、平衡、冷静、爱分享、有同理心

－忧郁、冷漠、害怕冲突、心不在焉

## 职场中的鲸

调解人、和事佬、有团队精神、忠诚、执着、有领导气质

有鲸作为同事绝对是一笔财富，不仅是因为他们能提供自制的蛋糕，还因为他们每天早上的第一件事就是不忘给鲨鱼煮咖啡。鲸

凭直觉就知道：咖啡对人们的一天至关重要。

由于具有强烈的同理心，鲸是一个很有价值的团队成员。尽管在避免冲突方面可能存在不足，但对于哪些同事需要空间、哪些需要舞台、哪些需要真诚赞美的激励，以及哪些更喜欢在幕后使力，鲸有着无与伦比的判断能力。

千万不要错误地认为鲸只在社会交际或秘书的办公桌前才能发挥作用。鲸也许不是天生的领导者，但只要有了正确的引导和良好的训练，它完全可以成为董事会里的重要角色。它对同事的需求有着敏锐的嗅觉，并且拥有一种无与伦比的能力，能够发现团队效率低下的原因，以及知道如何改变这种状况。尽管人们普遍认为鲸节俭朴素，但是千万不要低估这种品质的积极作用（当然，它做的蛋糕也不应该被低估）。

因为自己的成就而受到别人的赞扬，这让鲸很高兴，但更让它高兴的是能得到别人的关注。通常鲸只能自己照顾自己，所以大家在喝咖啡的时候也不要忘记问候一下他们的心情和感觉。一开始，他们可能会慌乱地把话题引到天气上，但现在既然你明白了这一点，完全可以真诚地再问候一次。

你也可以花点时间给鲸精心挑选一束鲜花或送给它一张精心制作的卡片。起初，鲸可能会对这些东西感到不知所措，尴尬地低声向你道谢，你也许会认为他们并不喜欢这些礼物。鲸的自我认知往往过于谦虚，不习惯接受别人善意的礼物或赞美。其实此时的鲸心里早就乐开了花。

## 私人生活中的鲸

### 作为朋友

鲸有很多朋友，是好的倾听者，他们关心人照顾人，喜欢有人陪伴。

### 作为伴侣

鲸不爱冲突，好相处，喜欢给予（有时过于慷慨）。

### 作为孩子

鲸害羞、内敛，是空想家，喜欢分享，是了不起的兄弟姐妹。

### 作为父母

鲸愿意花时间陪孩子，有耐心，关心孩子，参加孩子的所有活动，是家委会成员。

鲸与社群成员的关系非常融洽，它通常有很多朋友。他（她）

会通过社交媒体软件与群内的几十名成员聊天，组织圣诞集市的游戏之夜、美食派对。鲸最害怕参与活动的人受到排斥或忘记给某位朋友发邀请。

鲸不喜欢与众不同，不愿意站在舞台中央，他是个很好的倾听者。有鲸做朋友，他不仅会倾听你的问题，还会帮助你寻找解决方案。因为从那一刻开始，这不再是你一个人的问题，而是你们共同的问题。

鲸不是引人注目的人，但是他的适应能力强。为了维护和平和使别人快乐，他愿意把自己的利益先放一放。

即便自己是素食主义者，鲸伴侣也愿意和你一起去吃牛排。他不仅知道菜单上只有肉，而且知道其中有些做法会使得牛肉非常嫩，端上桌的时候几乎就是生的。鲸什么都知道。作为一位积极的动物权利活动家，鲸内心里觉得牛排馆不是个让人舒服的去处，他也知道牛排馆的菜单上不会有油炸豆腐。如果让他选，他当然更喜欢街角那家新开的素食餐厅。但这是一个特殊的时刻，当半熟的牛肉片被端上餐桌时，鲸的伴侣眼睛里全是兴奋的光芒。鲸会假装一点也不饿，然后热情地吃着沙拉配菜。

每个家庭都需要有一头鲸。环顾一下你的家，如果你找不到鲸的踪迹，不妨现在就认领一个，否则真的没有别的选择。如果需要的话，可以到度假胜地"中心公园度假区"（Center Parcs）去看看。

那里鲸数量众多，许多鲸都非常愿意把你保护起来。

请允许我解释为什么不能没有鲸吧。尤其是在家庭内部，鲸讨厌冲突和矛盾，因此它是一个至关重要的平衡力量。借助某种巧妙的力量，在他们的安排下，性格各异的家人们一起和谐地度过 3 天圣诞节假期。这期间没有对生命、身体、家庭和睦或昂贵的金边瓷器造成任何重大损害。在某些家里，能做到这些简直就是奇迹。

圣诞节是一个深入了解家庭成员动物特性的绝好时机。经过细心的反思，你送出的礼物也一定能切合每个人的心意。

也许你喜欢坐在壁炉边织围巾，但你不确定是否每个人都希望收到你织的围巾。他们当然喜欢！谁也不想受冻！但这并不意味着没有进行微调的空间。

任何亲手制作的礼物鲸都会喜欢，但鲨鱼很可能会对此无动于衷，除非它是时尚设计大师卡尔·拉格斐（ Karl Lagerfeld ）亲手制作的。对于鲨鱼来说，你最好使用高质量的羊绒和夺人眼球的外包装：风格和实质一样重要。

送给猫头鹰的织物，可以使用尼泊尔的高原羊驼毛。千万不要从工艺品商店购买，然后随便编一个故事来应付了事。它必须真的是产自尼泊尔高原的羊驼毛，最理想的状态是附上原产地的正式文件和证书。只要把购买链接写在圣诞卡上，猫头鹰会自己搜索相关信息。

相比之下，海豚就不太在乎围巾材质的原产地。可能你已经想到了这一点，并且买了一种有着明亮颜色并且闪闪发光的毛线。围巾的首尾处再装饰一个雪人，里面包着一粒能播放《去年的圣诞节》这首歌的纽扣。等着瞧吧，你的圣诞节一定棒极了。也许并没有那么简单，但是你所送出的圣诞礼物经过了精心的分类：4种不同的围巾，4种不同的快乐，同时你将得到不止4倍的真诚祝福。并不是很复杂，对吧？

但请允许我严肃一会儿。鲸性格的人不仅能稳定人际关系和家庭生活，而且还是理想的矛盾调解人。他们会把自己的利益先放在一边，让自己的利益退居次要地位。他们这种了不起的力量与他们的高度敏感直接相关。他们目光如炬，对家庭内部的变化有着敏锐的洞察力，并会谨慎地将即将发生的争端引导到更加平静的水域。简单地说，鲸不喜欢逆流而动。逆流而动破坏了他们对和谐和永恒的追求。

为了别人鲸可以厚着脸皮，乐于放弃自身利益，也敢于直面需要承担的风险。尽管他们很少这样说，但即使是鲸也需要时间休息。它不仅要学会照顾别人，还要学会照顾自己。

这是他们必须有意识地去学习的内容。如果一个鲸性格的人突然没有了需要照顾的人，他们可能会像脚下的地毯突然被人抽走，产生脚下悬空的感觉。在这种情况下，他们就更需要照顾好自己。

鲸把问题引到自己身上：他们非常乐意倾听别人的关切，并将其变成自己的关切。然而，太多的问题会使人头脑发昏，使鲸经常陷入思考状态。如果鲸只知道关心别人，从来没有想过如何善待自己，久而久之他会感到筋疲力尽，进而缺乏力量和精神。作为家庭的重要支柱，若是鲸受到伤害，其他成员也会受到伤害。

有时候，我们需要善意地提醒鲸给自己一些时间，提醒他如何更好地安排假期。家里的鲨鱼应该为鲸选择一个豪华的度假胜地，并且支付所有的费用，而海豚应该一同前往，给大家带去轻松和快乐。猫头鹰肯定能把这一切都安排得井井有条。当然，我所提供的只是一个想法，就像我所展示的动物模型一样，团队合作能让梦想变成现实。


## 鲸的个人成长清单


· 避免被剥削。

· 学会休息，安排一些"自我时间"！

· 养成一个与他人无关的爱好。

· 尝试新事物。

· 学会说不！

你真的很了不起，根本不需要担心别人怎么看你。事实是，其他人什么都不想，他们主要是担心他们自己。

# 与鲨鱼相处

"苦日子不会长久，坚强的人会永远坚强。"

＋意志坚强、勇敢、独立、自信、有决心

－冷漠、专横、蔑视他人、盛气凌人

## 职场中的鲨鱼

**有决心、有勇气、有大格局、喜欢指挥手下人干活、工作狂、勇于承担责任。**

好消息是，鲨鱼性格的人总是出现在相对固定的地方，也就是大中型公司的行政管理部门所在的楼层。他们也可能是个体经营者。鲨鱼需要能够容纳他们的空间，如果受到限制，他们可能会咬人。对于鲨鱼来说，他的 DNA 决定了他讨厌思考一些鸡毛蒜皮的小事。强迫他做那样的事情，就像是将大西洋里的鲨鱼放进邻居家院子里的小池塘里一样。

"真是太荒唐了，"鲨鱼会这样想，"我在这儿干什么呢？难道要我在把池塘里的金鱼变成寿司之前先喝点鸡尾酒吗？"

每当想到这个场景的时候，我不知道应该同情谁才好。我恳求所有管理人员听我一句劝：绝对不要把你公司里的鲨鱼放在花园的池塘里。否则，他们会严重吃不饱，然后悲惨地死去，当然是在吃掉池塘里所有其他动物之后。

鲨鱼是一种商业资产，因为他们有很强的感知能力。在海洋中，鲨鱼可以迅速感知到一滴血稀释了数十亿倍的腥味，从而在 100 多米的高处伏击猎物。它能以闪电般的速度评估形势，马上分辨出怎么做可行，怎么做不可行。

在董事会的会议上，鲨鱼对完全不同的意见有着敏锐的嗅觉。血液，无论稀释与否，都是它感兴趣的东西。两条腿的鲨鱼对成功有着敏锐的第六感，他能立即嗅出成功的机会，并本能地追踪，采取可以成功的方法。一旦有所捕获，鲨鱼就会死死咬住，绝不松口。猎物就该属于鲨鱼，没有任何争议。

可能人们会误以为鲨鱼是没有感情的动物。它们当然有感情，请相信专家的话。它可能只是比大多数其他动物隐藏得更好一些罢了。想象一下，你该如何做才能说服一位鲨鱼性格的人加入你的事业，进而充分发挥他超群的天赋、攻击力和忠诚呢？如果真能实现，该是多么神奇呀？

如果你的事业中还没有鲨鱼，那你就应该尽快去寻找一条。哪怕是花上一年的薪水，到毛里求斯去度假儿周。反正，鲨鱼们都会这么做。

鲨鱼是实干家，通常性情也很温和。虽然他们拥有很多东西，但是他们最缺乏的就是耐心。他们在解决问题和作决定的时候不会考虑所有的可能性。他们不会这么做因为对于成功，鲨鱼有着超群的嗅觉（如果鲨鱼犯了错，那往往就是一场金融灾难，毕竟鲨鱼不会回避大额交易）。

鲨鱼很清楚，他们承担着重大的风险和巨大的责任。并不是每个人都适合这么做，这样的责任和压力会让其他动物彻夜难眠——鲨鱼可能也会遭受同样的痛苦。然而，鲨鱼还是愿意拥抱对于失败的恐惧，并勇敢地行动。总得有人来做这些事情，鲨鱼认为他自己比大多数其他人更适合。

鲨鱼设定了标准，这不是什么旧的已有的标准，而是高得离谱的标准，你穿着6英寸的高跟鞋也只能从他的脚下走过。"不进则退"的原则不仅是鲨鱼的发明,而且几乎被贯彻到他生活的方方面面,在工作中尤其如此。鲨鱼是典型的工作狂——如果他们能在圣诞节放假的时候把很多工作带回家,其他人为什么就不能呢?鲨鱼为自己设定的标准也被用来要求其他人,凡是达不到标准的,不仅会被嘲笑,而且还会被鲨鱼恶意地撕咬。

在工作中与鲨鱼打交道并不困难。如果你能坦率地沟通,并偶尔给鲨鱼以赞美的话,那么你就能在静水中安稳地生活。不仅如此,你可能还会得到圣诞节奖金或奢侈品商店的代金券。当你打开专属于你的礼物的时候,鲨鱼一边哼唱《去年的圣诞节》这首歌,一边在圣诞树下研究公司的资产负债表。

## 私人生活中的鲨鱼

### 作为朋友

朋友不多,是团队里的"实干家",喜欢有个性的聚会,乐于帮助那些与自己有共同点的人。

### 作为伴侣

回避冲突,盛气凌人,不善表达。

### 作为孩子

凡事讲事实,喜欢独来独往,是团队的领导者,喜欢指使其他孩子。

### 作为父母

期望很高,家庭生活结构僵化,喜欢为别人做决定。

"宽容就是怀疑别人可能是对的。"诗人库尔特·图霍夫斯基(Kurt Tucholsky)说。鲨鱼不理解这句话,因为对他们来说,对就是对,错就是错。如果结局与预期相反,鲨鱼被证明是错误的,他将找到雄辩的论据为自己辩护。如果鲨鱼缺乏雄辩这种修辞技巧,那么他将不再仰仗口才让对方理解。重要的是,很可能鲨鱼是对的,可能只是暂时还没有被证明罢了(想一想,人类花了多长时间来思考才意识到地球不是平的)。

正是基于同样的逻辑,鲨鱼经常会让对手同意自己的观点,即使他们的观点在本质上就不相同。让自己与鲨鱼对抗,就像让从未经受过专业训练,并且穿着人字拖的登山者去攀登乞力马扎罗山一样——还未到半山腰你就早已经筋疲力尽了。在你跳进鲨鱼出没的水域之前,一定要好好计算一下你的能量储备和收益。

简单地说,鲨鱼的观点是毋庸置疑的。鲨鱼只会为他相信的东西辩护，然后就毫不犹豫地离开现场。这种做事方式会成为他人际关系的主要压力来源，会让他的朋友和家人们感觉他不可理喻。久而久之大家只好逆来顺受，最后，大家干脆不再和鲨鱼纠缠。

"你说得都对，这样我就能得到安宁"——对于每个有鲨鱼的家庭而言，对这句话一定不陌生。此外，鲨鱼并不一定总是指父母，整个家庭都被鲨鱼孩子控制的情况并不少见。这些孩子决定着家里的大事小情，包括新房墙壁的颜色。家有鲨鱼孩子的父母会知道我在说什么——任何对此嗤之以鼻的人都应该试着自己抚养这样一个小恶魔。对于这样的父母，我向你们脱帽致敬。

鲨鱼把大部分时间花在工作上。他们在工作中扮演着主要角色，也很少为自己辩护。在家里，情况也大同小异。当鲨鱼是一家之主的时候，买车、度假、圣诞节买哪棵冷杉树他们都要做决定。用高大的杉树做圣诞树放在广场上最漂亮，但如果鲨鱼决定就买这样一棵放在家里的话，那也就只能这么决定了。把这棵圣诞树放在家里，它可能比意大利的比萨斜塔更高大，更倾斜。但是鲨鱼还是能为自己的购买决定找到完美的理由：你看这棵圣诞树多像是在倾斜的屋顶下做了一个梦。

要想维持一段幸福的关系并得到你理想中的圣诞树，你需要让鲨鱼相信重新来过是他们自己的主意。"是的，亲爱的，"你也许会安慰地说，"我同意你的意见，我们应该回去重新买。"这样做并不容易，但却完全可能。相比之下，期待鲨鱼为自己的错误判断道歉简直就是可悲的徒劳。同意去重新买一棵树就已经很不错了（再看一眼那第一棵树，越看越觉得它只适合做柴火）。

一般来说，鲨鱼喜欢独来独往，特别享受独处的时光。他甚至不能告诉你原因。虽然这并不意味着他不喜欢或刻意回避人际交往，但他确实是一个喜欢定下基调作出决定的人。在情感上依赖鲨鱼的人可能很快就会以眼泪收场：鲨鱼总是独立地处理问题，应对挑战，并且他希望别人也能像他（她）这样做。鲨鱼讨厌看医生，因为他们害怕自己的命运被别人支配。这并不是说鲨鱼根本无视别人的意见，他们只是认为自己的观点和视角更胜一筹。

鲨鱼设定的目标很高，并努力实现这些目标——这让他们很迷人，也很可怕。潜意识中，我们都把自己和周围的环境相比较。如果你的周围群鲨环伺，你就只有两个选择：要么在鲨鱼的成功光环中自惭形秽，要么备受鼓舞和激励。永远不要忘了只有你才能决定你自己的反应。我们都知道哪种决定能让你更好地进步！

### 鲨鱼的个人成长清单：

· 不要被赞誉冲昏了头脑。

· 尝试变得更有合作精神。

· 了解何为"同理心"。如有必要，让鲸给你解释一番。

· 工作之余抽时间休息，不要感到内疚。

· 变得更有耐心，毕竟好事情都需要时间。

· 对自己宽容一点。

· 学会道歉，并将其视为力量的象征 。

你已经很了不起了，不需要为自己设立更高的目标来证明这一点。事实上，你生命中真正重要的人不会以你的成就来衡量你的价值。

# 与海豚相处

"小小聚会，开心不累！"

＋幽默、感性、好奇、即兴、外向、随和、乐观

－天真、以自我为中心、缺乏组织性、容易夸大其词

## 职场中的海豚

**热情、鼓舞人心、有创造力、解决问题的人、革新者**

在职场中，海豚表现出无限的创造力，并有心建造天空中最宏大的城堡。他的思维导图颇具传奇色彩，想象着统治整个世界。简

单地说，海豚为事实抛撒的五彩纸屑太少了。让海豚的同事们倍感筋疲力尽的事情，却可能是整个公司的巨大成功。诚然，海豚在制订计划和实施方案等方面并没有什么优势，但他们在概念和创新方面却遥遥领先。毕竟为了实现各种可能性，你首先必须敢于梦想那些不可能的事情。

海豚不害怕表达自己的想法，因为他们不太担心别人会怎么想。他们通常很少进行一本正经的思考，相反，他们更喜欢幻想和做梦。枯燥单调的工作环境对他们毫无激励作用。一旦失去了兴趣，他们就会懒散地坐在办公桌前，画一些五颜六色的心形图案，一画就是一整天，直到下班为止——就像他们在学校里做的那样。毕竟，孩提时代学到的东西到死也不会忘。

长此以往，海豚很可能会辞职，然后去找一份更刺激的工作。那些没有发展前途的公司自然没有什么创造性的东西提供给海豚，反正世界上有那么多有意思的事情可以做。夏天，在院子里放一个游泳池，或者在休息室里摆一张桌式足球台。把办公室变成一间五颜六色的房间，安排上黄色的沙发、高尔夫球洞或者装修成沙滩排球停车场的模样。给有创造力的人放一些能游戏的东西，他们总是会以惊喜回报你。

如果工作场所需要创新和改变，最好请海豚来沟通。人们往往害怕改变，这已经不是什么秘密。改变意味着出现一些新的、未知的东西，这些情况可能很让人害怕。恐惧是一种本能的反应，试图改变你那激进的计划并使之合理化也无济于事，这就像是头痛了吃聪明豆一样无效。不妨让海豚来安排一些活动，用对新事物的渴望来对抗改变的恐惧。海豚也会害怕，但它对新事物的好奇心总是多过恐惧，而且它还会把这种情绪传染给别人。

如何才能让"工作中的海豚"保持积极性呢？给他（她）制作一个中间站着小人儿的蛋糕听起来可能不太容易，那么开一个惊喜派对怎么样？即使参加派对的人只是关系亲密的同事也可以。猫头鹰会觉得这是一项庞大的工程，但海豚却很享受这样的场合：这样的聚会唤醒了海豚的社会本性，让他（她）感受到了你对他（她）才能的欣赏，你的好意肯定会被他（她）深深地铭记。如果没有时间组织派对，你精心挑选的音乐会门票也会让海豚对你感激不尽。当然，这张门票最好是放在卡片里挂在氦气球上送到他（她）的手中。当海豚打开卡片，优美的音乐同时响起："不要担心，要快乐……"你重新发现了赠送礼物的乐趣！

## 私人生活中的海豚

### 作为朋友

朋友众多，爱别人，积极，不记仇，凡事总能看到积极的一面。

## 作为伴侣

爱玩，感情丰富，不记仇，简单，随和。

## 作为孩子

活泼，精力充沛，有创造力，好奇，活跃。

## 作为父母

童趣十足，把家变成迪士尼乐园，对孩子的性格影响深。

如果你到新朋友的家里去做客，恍惚之间，你还以为进了《狮子王》的电影里——房子的主人请你在王座上稍坐片刻，他（她）转身把辛巴放到婴儿床上去。你应该已经猜到这位主人是什么动物性格的人了。建议你利用这片刻的时间，复习一下那句咒语吧——其实就是：哈库那玛塔塔 [1]。

海豚夫妇为他们年幼的孩子举办的派对，场面同样热闹非凡。漂亮的生日蛋糕端上来的那一刻，海豚父母们兴奋得就像是他们自己才是过生日的主角一样。他们喜欢孩子们脸上的油彩，对那些漂

---

[1]　译者注：辛巴是好莱坞电影《狮子王》中的小狮子，hakuna matata 是辛巴使用的咒语。

亮的服装也爱不释手。尽管海豚不愿意承认，但他们真的都是彼得·潘综合征[1]患者：他们就是不想长大。以前，他们只是浅尝辄止，自从给孩子开派对以后，一种迪士尼乐园般的气氛在家庭中流行起来——还有什么比让孩子们开心更重要的呢！

如果孩子们也继承了父母们的海豚特征的话，那可真的能给全家所有人都带来无穷的乐趣。但是，如果一对海豚夫妇有一个猫头鹰孩子（毕竟，这个世界总是喜欢挑战我们），这也将是一次有趣的旅程。大概从 4 岁开始，这只小猫头鹰就会耐心地向父母们解释迪士尼乐园是虚构出来的，"你知道，生活其实是相当严肃的。"生怕父母没能理解他的意思，他会画一幅画来说明自己的论点。深呼吸：这就是猫头鹰，猫头鹰就是这样做事的。请把他们轻轻地揽入怀中，享受在他们不注意的情况下，撒上几片五彩纸屑的乐趣吧。你也能使用猫头鹰的话语——你一定能做到！

海豚性格的宝宝在 4 岁左右的时候恨不得把身上的每一根骨头都摔断一次，如此你就能识别出谁是海豚宝宝了。这是寻找超人感觉的小小代价：有时他们就是相信自己能像超人一样飞起来。

作为海豚的伴侣，你最好也变得随性一点。"我想早上喝咖啡

---

[1]　译者注：彼得·潘综合征是指成年人喜欢"装嫩"，行事带有孩子气，渴望回归到儿童世界的心态。

的时候能抬眼就看到埃菲尔铁塔，求你了。"周六晚上海豚可能会有这样的想法。不管你去不去，两个小时后，他可能已经坐在飞机上了。

乍一看，海豚似乎显得有些肤浅。事实上，他们真的不是思维非常深刻的人。对于生活的意义和细枝末节，海豚不喜欢进行长久的沉思和深刻的哲学思考。相反，他们更喜欢保持轻松愉快的状态。如果你带着问题去找海豚，很有可能他们会用一句"没事儿"来打发掉你的所有问题。幸运的话，你可能会得到一块巧克力和一个"你是否感觉好点了"的询问。不幸的是，尽管海豚有各种优秀品质，但他们真的不是好的倾听者：他们通常更喜欢谈论自己。

与其他动物相比，海豚的天赋在于无论什么情况下总能看到事情积极的一面。如果你想轻松一下，不妨哼一首快乐的歌，吸引一只海豚吧。如果真的出了问题，你需要的不仅仅是积极的氛围、巧克力和银光闪闪的东西。讲清楚了事情的严重性，海豚也会注意倾听。但一定要长话短说：因为你永远不知道他们的注意力会持续多久。

天真的海豚也会时常陷入麻烦之中。海豚天生就不能识别他人意图背后的策略或恶意，这使得他们非常容易上当受骗，进而作出错误的决定。海豚很少会去查看那漫天飞舞的五彩纸屑背后隐藏着什么，他们只知道在纷飞的纸屑中翩翩起舞，最终却因为空洞的承诺而大失所望。

海豚这种没有鉴别能力的天性，使得他们很少考虑事情的轻重缓急，因而更容易导致他们过于随意，所以他们很容易就陷入猫头鹰所设下的诡计之中。重要的是，海豚不会长久地陷入坏心情当中，他们从不怨恨别人，更不会怨恨自己。抖落身上的五彩纸屑，他们就可以再次出发：他们相信接下来肯定是一场快乐的冒险。

## 海豚的个人成长清单：

- ·有时，沉默是金。
- ·凡事过犹不及。
- ·学会坚持，即使所做之事并不"有趣"。
- ·在签署合同之前一定要先认真阅读合同正文。
- ·要学会认识身边的人。
- ·做一个能够让人依靠的人。

你本身就很了不起，你的故事不需要额外的修饰。事实上，去除所有的夸张和修饰，你的生活仍然比很多人的生活更令人兴奋。

# 与猫头鹰相处

*"每个问题都有解决的办法！"*

*＋ 爱反思、井井有条、思考深入、脚踏实地、遵守秩序*

*－ 不够随性、悲观、喜怒无常、冷漠*

## 职场中的猫头鹰

**解决问题的人、战术家、组织者、计划者、完美主义者。**

工作中的猫头鹰需要统筹和规划，以达到最佳的状态。秩序、设置休息时间、定期召开的会议及明确的协议：这些都是让猫头鹰感到舒适的必要条件。无论是在研究领域、医学领域，还是在艺术领域，只要精准性是成功的关键，猫头鹰就一定能成功。艺术家中猫头鹰特质者所占的比例往往很高。仔细想一想，所谓的美学不过是精确协调所产生的视觉和谐罢了。细微之处尽显艺术造诣。

优秀医生中猫头鹰特质者所占的比例也很高，这并不令人感到奇怪。在理想的情况下，我在做手术之前会先请外科医生做一个性格测试——只有结果显示他们是百分之百的猫头鹰性格，我才会心甘情愿地让他们来操刀。办公室、医院和实验室，任何需要秩序的地方，都是猫头鹰的完美工作场所。

每天早上，一群群辛勤工作的猫头鹰飞往城市里的各个办公室和会计室。在交通灯前试图开车掉头的海豚很不幸：它这样做不符合交通规则，猫头鹰必须要让海豚知道这一点。猫头鹰喜欢向别人解释这个世界，时常喜欢充当非官方的仲裁者。

一个团队中，只有猫头鹰最喜欢组织、规划和撰写办事清单，清单是猫头鹰的最爱。如果你向猫头鹰预约某件事，他们会立刻在（厚厚的）记事本里记下日期。猫头鹰可以在几秒钟内告诉你他们明年的计划，海豚怕是连明天（或者下周）开会安排的通知单都放错了位置吧。

工作中，尽管多少有些摩擦，海豚和猫头鹰总能完美地互补。海豚喜欢做一些不切实际的梦，猫头鹰则喜欢想办法让一切都变成现实（当然，他们也会在空白处注明，这个想法以前从未有人完成过）。"凡事总有第一次嘛，"猫头鹰想，"为什么不现在就来实现呢？"猫头鹰不怕挑战，也不怕偶尔出现的不可避免的失败。如果门关上了，猫头鹰会再次将它打开。这本来就是门的工作原理（曾经有人发明过）。

然而，如果放任不管的话，猫头鹰和海豚在一起很可能会把对方逼疯。调停者的角色至关重要，鲸当然会十分乐意挺身而出。凭借高情商，鲸能够熟练地应对两种性格类型的人，并在有必要的时候从汽车引擎中喷出五彩纸屑来调节气氛。

没有了鲸，海豚将成为不受约束的力量。天马行空的想象被勾画成巨大的、五颜六色的思维导图，伴着音乐和泡泡，并试图将复杂的事情说清楚。可怜的猫头鹰坐立不安，眼睛睁得越来越大。他专注地咬着铅笔，耐心地等待着任何一张哪怕是体现了一丁点结构性和计划性的幻灯片出现。

你有没有见过有人一边听人谈话，一边瞪大眼睛的情景？这很可能就是猫头鹰。"我还在考虑那个问题，"他告诉你，"一个小时之前我就已经忘记了要问你什么问题，想到现在还没有想明白。"

你的团队有猫头鹰吗？给他们一份清单，告诉他们需要特别关注的事项，再给他们荧光笔和便利贴，方便他们随时记录想法。如果想完成项目内容，就需要有猫头鹰在你的身边，你值得拥有这种性格的人。良好的人际关系不会从天而降，良好的商业伙伴也不会从天而降，你要努力争取这样的人。

公司里的猫头鹰过生日，你送他什么礼物才好呢？最好不要送花，将花送给鲸最合适。书籍代金券一定受猫头鹰的欢迎。如果你对猫头鹰稍微多一些了解，就可以考虑买一本旅游指南或户外购物代金券送给他。好的关系依赖于我们向共享账户存入了多少。只要你不厌其烦地思考，你的每一次尝试就将收获满满。

## 个人生活中的猫头鹰

### 作为朋友
可靠，善于倾听，敏感，理想主义。

### 作为伴侣
有同理心，忠诚，可靠，善于提供支持，能深入思考。

### 作为孩子
内敛，足智多谋，富有创造力，喜欢独处。

**作为父母**

对孩子有很高的期望，坚定，井井有条。


猫头鹰不只是用事实来解释生活，他们也是这 4 种动物中最擅长深入思考的。只要某个话题吸引了他们的注意力，他们就会全神贯注地思考。猫头鹰对和谁结交很挑剔，在一大群人面前他们会感到不自在。相反，他们更喜欢两个人一对一地喝杯酒，或者花上几个小时分析葡萄的品种和生命的意义。待到傍晚约会结束的时候，这些知识你也完全懂了。

在识别他人动机和分析问题方面，猫头鹰有一种与生俱来的天赋。这让他们能够成为别人的亲密伙伴。然而，他们的一本正经也很容易让朋友和恋人发疯。他们对细枝末节之处的关注和在意程度经常会让人大吃一惊。还记得前文提到过的埃曼塔（Emmental）奶酪吗？猫头鹰真的受不了奶酪上面的小洞！

对猫头鹰来说，任何影响到家庭生活的决策都是重大项目，当然不可以"凭感觉"或"自发地"作出决定。毕竟，还有很多很多经验性的价值需要被考虑在内。

各种点评网站简直就是专门为猫头鹰设计的。猫头鹰可能是唯一在完成购买之后继续研究该商品的动物了，而且它还会在几个月后对自己当时"草率的决定"感到恼火。作为它的伴侣，你必须学会忍耐。

在选择伴侣这件事情上猫头鹰一丝不苟，就像是在实验室里研究世界和平的解决方案一样细致。他们会仔细检查、权衡、列出利弊清单、进行纵横比较。优柔寡断的性格，最终导致很多猫头鹰形单影只，孑然一人。

给我亲爱的猫头鹰朋友们一个小小的提示：精挑细选了这么久，应该不会有更高质量的选项了。

如果你想找一个猫头鹰做伴侣，那就直接去"精英俱乐部（Elite Singles）"看看（要不然，猫头鹰使用交友软件做什么呢？但是猫头鹰根本不可能仅凭图片就作出决定）。虽然猫头鹰需要很长时间才能作出决定，但一旦决定了就会非常稳定。要想猫头鹰改变是很困难的事情。分手对于猫头鹰来说简直就是天塌地陷的大事。

## 猫头鹰的个人成长清单：

· 尝试做一些疯狂的事情。

· 学会接受"生活并非总是可以预测的"。

· 不要害怕改变。

· 学会原谅。

· 不要犹豫不决，尽管放手去做！

·停止怀疑一切——尤其是你自己！

·学会信任。

·对那些不太会思考的人要有耐心。

　　你真的很棒，对待自己你根本不用怀疑。一旦你开始相信你自己，相信你的超凡才能，生活将成为一趟神奇的旅程。

# 动物视野中的童年

我们和孩子们说的话最终会变成他们内心的声音。

——佩吉·奥玛拉（Peggy O'Mara）

关于个人的动物性格组合究竟是如何形成的，研究人员众说纷纭：有多少是在母亲的子宫里决定的？哪些是我们在成长过程中习得的？判断哪些性格因素是先天决定的并不困难：通常在孩子出生后的头几年就能很明显地获知。父母是否能识别并引导孩子的动物性格对一岁左右的孩子影响巨大，这也是为什么我鼓励父母们认真践行。如果父母的动物性格与孩子的不同，就会出现一些特殊的挑战。在这种情况下，父母必须要有耐心——对自己，对孩子都要有耐心。

送我的孩子玛雅和埃米尔去幼儿园是我每天的一大乐事。孩子们早上到了幼儿园之后，把他们的外套挂起来的那一刻，我总有一种看电影时拿出爆米花的冲动。作为海豚型性格的我，每次都会忘乎所以也很自然。读完了这本书，我保证，你也会觉得早上送孩子上幼儿园是一件令人着迷的事情。赶紧拍照，留下纪念！

保罗还没到自己的位置就开始脱外套，还像蝙蝠侠一样，他将外套朝挂衣钩扔去。失败在所难免，那件皱巴巴的、反了面的夹克径直掉在了地板上。站在他旁边的安妮把衣服捡起来并帮他翻好，拉直之后，挂在右边的钩子上，这才停下来开始脱自己的外套。

她正在做这些事情的时候被卢卡斯推开了，卢卡斯坚持要把他的外套挂在河马挂钩上。这个挂钩不是他的，老师已经告诉他不知道多少遍了，但是根本不起作用：他就是喜欢河马挂钩，那是他想要挂东西的地方。奈莉看见了，喊叫起来，把卢卡斯的外套挂在旁边的钩子上，还把大家的鞋子排成一排，然后牵着安妮的手：每天早晨，这种喧闹的场面让她的脸上掠过一丝焦虑。

我嘴里轻轻地嚼着虚拟的爆米花，紧紧拥抱着我的女儿，向她们道别——这是她们特有的动物性格。我希望他们有一个充满冒险的神奇的一天。

你能猜出安妮、保罗、卢卡斯和奈莉各是哪种类型的动物吗？

如果你有自己的孩子、有教会的义子义女，或者有侄女或侄子，你在他们身上能看到什么类型的动物呢？他们是海豚、猫头鹰、鲸、鲨鱼，还是以上几种动物的混合体？

## 动物视野中的爱

迄今为止，我们应该已经清楚地知道，这个令人兴奋的世界上生活着各种各样的动物。我们需要不同的动物，也需要他们所带来的丰富多彩的性格特征。否则，这个世界该是多么的无聊呀。但是当涉及人际关系的时候呢？特别是在爱情方面，有些动物性格的人在一起将会非常完美，而不适合的动物在一起不啻一场灾难。

"异性相吸"这句话尽人皆知，它的确包含了很多真理，"不同"让人兴奋。相异的事物让我们有机会接触我们自己所不具备的品质，让我们接触未知的世界，甚至可能让我们变得更加完整。如果两个人完全一样，那该多么的乏味呀。毕竟，早晨打开窗户，清风穿堂而过，卧室里的温度才会发生变化。

在与"别人""陌生人"打交道的时候，我们身上散发出的吸引力是什么？心理学家说，差别太明显的时候，交际的双方只能维持短暂的吸引力：一次轻浮的谈话，或者一段令人兴奋的恋情。要想找到"同类"，最重要的是你们至少要有一些相似之处。这就有很多的可能性。

比如，你们可能拥有共同的价值观和共同的生活目标。如果夫妻双方的父母都很相似，并且价值观也很一致，那么夫妻双方快乐地生活在一起的概率就比较高。应用在动物模型上，这意味着你们至少需要拥有某一种共同的动物性格，这将成为你们未来取得一致性的关键，也会成为你们关系的依靠点。

在我第二次和我现在的妻子丽塔约会的时候，我在她的眼皮底下做了一次性格测试。这听起来可能一点也不浪漫，但当我看到结果时，我知道她就是我必须留住的人。我们两人身上的海豚性格概率几乎一样多，尽管她性格中的鲸特质和我的鲨鱼特质时不时地碍事，但是相同比例的海豚性格特质成为我们彼此联结的支点。

那么，理想的动物伴侣是什么呢？哪些动物性格的人在一起才能成为结婚、养育子女，并且在90岁的时候仍然在双人沙发上相互依偎的终身伴侣呢？

## 梦幻组合

### 猫头鹰—鲸

这对夫妻安于同坐，生活达观。更确切地说：猫头鹰善于思考，鲸也乐于倾听。有时在瑞士山区的露营车里，有时在海滩边一辆破旧的旅行车里，他们用自制的美味佳肴来解决生活中常见的麻烦。这绝对是最佳搭档！

### 海豚—鲨鱼

这是天生的一对，他们都喜欢谈论自己。这个人想去圣莫里茨滑雪，另一个人想去下一个城市进行室内滑雪，所幸双方都愿意妥协。当时机合适的时候，鲨鱼会很乐意在室内滑雪的斜坡赛道上举起酒杯，海豚也愿意在奢华的城堡里庆祝。完美！

## 哪些动物可以共处，但可能偶尔需要参与一些夫妻关系咨询？

### 鲨鱼—猫头鹰

猫头鹰可能还没有来得及阅读这家酒店的网上评论，鲨鱼就已经在这家酒店的网站上预订了夫妇二人暑期去巴厘岛旅游的房间。

这可能会引起一些火花四溅的对话。积极的一面是，猫头鹰不屈不挠的智慧使它能够对抗鲨鱼，夫妻二人都从对方身上学到了很多。不错的组合！

海豚—鲸

海豚倾向于将生活过成派对，而鲸为了让伴侣得到照顾而疲于奔命。他们可能会很快就各奔东西。但是，如果鲸能学会把海豚的冷漠看作是对他们沉寂生活的一种健康的平衡，而海豚也能学会把鲸的关心当作是一种宝贵的支持的话，他们两人就依然有未来。这种组合是可行的！

## 无论如何都要避免的组合

海豚—猫头鹰

海豚过于天马行空，猫头鹰过于严格谨慎。哪怕是他们的第一次约会都可能是个巨大的挑战。在大多数情况下，他们的约会不会有任何结果。请你设想一下：海豚想要去跳伞，而猫头鹰正在计算过去的 24 小时里，这个世界上有多少人在遭遇不幸。用不了多长时间，他们的生活就会变得举步维艰！

### 鲸—鲨鱼

鲸太爱关心，鲨鱼过于鲁莽，并且精力过于充沛。关于这两个人，没有更多可说的了。当鲸为鲨鱼做了能做的一切，并在这个过程中完全迷失自我的时候，鲨鱼很快就会感到无聊，并开始寻找能勇敢面对他的人了。这两种人在一起几乎不可能！

当两个人属于同一种类型的时候，至少他们性格的某些方面是不同的才好，这一点至关重要。永远记住，卧室里如何才能通风！

你父母的动物组合是什么呢？你自己夫妻关系中的动物组合又是什么呢？

# 克里斯·罗杰斯（Chris Rogers）撰写的一个故事

　　很久很久以前，曾经有一个小岛，那是人类所有情感的家园：激昂、悲伤、问心无愧，以及人类所有其他能感觉到的情感都在这座小岛上安了家。有一天，情感们得知小岛即将沉没，于是大家准备好船只，纷纷弃岛逃命去了。只有爱想等到最后一刻再走。

　　小岛即将沉入大海，爱大声呼救。虚荣驾着一艘豪华的大船从旁边经过。"虚荣，"爱问道，"你能带上我走吗？"

　　"不，我不能。我的船上有很多金银财宝，我需要通过他们来观看自己的倒影。我的船上已经没有位置了，带不了你。"

　　这时，骄傲驾着另一艘同样华丽的船从

旁边驶过。爱大声地向他求救。

"求你了，骄傲，"她说，"你能带上我一起走吗？"

"不能，"骄傲说。"我船上的一切都是那么的完美，你上来会把它弄坏的。"

正巧悲伤驾船从旁边经过。爱向悲伤求救。

"悲伤，请带上我吧！"

"哦，亲爱的，"悲伤回答道，"真对不起，我很难过，我只想一个人待着。"

激昂从爱的身边冲过。她太过扬扬自得了，根本就没有听到爱的呼喊。

突然，一个声音传来。"来吧，爱，我带你走。"这是一个老人的声音。爱如释重负，心中充满了感激，以至于竟然忘了问那位老人的名字。

大家到达了陆地，老人离开了，所有的情绪又都聚集在一起。爱只知道是一位老人救了自己的命。她转过身看着宁静。"宁静，"她说，"你能告诉我是谁帮助了我吗？"

"是时间帮助了你。"宁静说。

"时间？"爱问道，"时间为什么要帮助我？"

"因为只有时间才懂得爱在我们生活中的重要性。"宁静回答道。

致
谢

学得越多，读过的书越多，参加的研讨班越多，我就越能清楚地意识到自己知识的浅薄。面对这个丰富多彩、日新月异的世界，我决心把探索世界作为我毕生的事业，并帮助其他人从中获益。

如果说这个世界上有什么是永恒不变的话，那就是我对家人深沉的爱：我的妻子丽塔是我最知心的朋友；我的孩子埃米尔和玛雅；还有我的父母艾丽卡和霍斯特；以及我的兄弟姐妹约翰娜、娜丁和奥拉夫。

我爱我的朋友们。在我既不出名也没有经济保障的时候，我和他们相识。当我太得意忘形的时候，他们总是不厌其烦地把我拉回到地面。

我爱我的公司，我也爱我的团队中的每个人。感谢你们风雨无阻，与我一路同行。

我珍惜生命中的每一分钟，学会感恩是我每天的功课。每个人的心跳次数终归有限，我们谁也不要急着去开启生命结束的倒计时。

我要特别感谢斯蒂芬妮·布雷姆（Stephanie Brehm），感谢她所具备的将简简单单的文字变成智慧隽语的神奇天赋。

没有你，这本书很难成为现在的模样！

托比亚斯·贝克刚踏入职场时是一名愚钝的空乘人员，而现在的他是全欧洲最受欢迎的演讲者之一。他的演讲、他的网络资源及他出版的第一本书《人生重塑指南》（GABAL，2018）让他斩获了包括德国《焦点周刊》大奖在内的诸多奖项。他在社交软件上探索如何在日常生活中远离"能量吸血鬼"。该内容一经发布就登上了下载排行榜的榜首。许多大名鼎鼎的 CEO 都聘请他担任私人顾问，他主持的培训班吸引了成千上万的热情粉丝。作为一名入校演讲者，他用幽默和智慧向学生们讲授获得成功的原则和人类行为动机的心理机制。

和斯蒂芬妮一起写作就像是看着她从漫天纷飞的五彩纸屑中捞取一个又一个的故事，然后巧妙地把它们写在纸上一样。

——托比亚斯·贝克